全国工会干部培训基础教材

工会经审工作概论

全国工会干部培训基础教材编写委员会◎编

中国工人出版社

图书在版编目（CIP）数据

工会经审工作概论 / 全国工会干部培训基础教材编写委员会编 .—
北京：中国工人出版社，2023.3
ISBN 978-7-5008-8102-5

Ⅰ.①工… Ⅱ.①全… Ⅲ.①工会工作－财务审计－
中国－干部培训－教材 Ⅳ.①D412.67

中国国家版本馆 CIP 数据核字（2023）第 028921 号

工会经审工作概论

出 版 人	董　宽
责任编辑	王晨轩　罗荣波
责任校对	赵贵芬
责任印制	栾征宇
出版发行	中国工人出版社
地　　址	北京市东城区鼓楼外大街45号　邮编：100120
网　　址	http://www.wp-china.com
电　　话	（010）62005043（总编室） （010）62005039（印制管理中心） （010）62382916（工会与劳动关系分社）
发行热线	（010）82029051　62383056
经　　销	各地书店
印　　刷	北京市密东印刷有限公司
开　　本	660毫米×960毫米　1/16
印　　张	10.5
字　　数	130千字
版　　次	2023年3月第1版　2024年12月第6次印刷
定　　价	28.00元

全国工会干部培训基础教材
编写委员会

团结动员亿万职工
为全面建设社会主义现代化国家
贡献力量（代序）

王东明

党的二十大是在全党全国各族人民迈上全面建设社会主义现代化国家新征程、向第二个百年奋斗目标进军的关键时刻召开的一次十分重要的大会，是一次高举旗帜、凝聚力量、团结奋进的大会，为新时代新征程党和国家事业发展、实现第二个百年奋斗目标指明了前进方向、确立了行动指南。必须深刻领会大会精神实质、把握核心要义、明确奋斗目标，在全面学习、全面把握、全面落实上下功夫，团结动员亿万职工在新征程上踔厉奋发、勇毅前行，为实现第二个百年奋斗目标贡献智慧和力量。

深刻领悟“两个确立”的决定性意义，把“两个维护”落实到工会工作各方面全过程

党的二十大在政治上、理论上、实践上取得了一系列重大成果。习近平同志在党的二十届一中全会上继续当选中共中央总书记，充分反映了全党全军全国各族人民的共同心愿和习近平总书记的崇高威望，充分展示了全党全国上下在以习近平同志为核心的党中央团结带领下战胜前进道路上一切风险挑战、开创美好未来的坚定信心和决心，是全党上下拥护“两个确立”、做到“两个维护”的生动实践和真实体现。

党的十八大以来，党和国家面临的形势之复杂、斗争之严峻、改革发展稳定任务之艰巨世所罕见、史所罕见，习近平总书记以高超的政治智慧、强烈的历史担当、卓越的领导能力和“我将无我，不负人民”的崇高境界，带领全党全军全国各族人民攻坚克难、砥砺前行，推动党和国家事业取得历史性成就、发生历史性变革。实践充分证明，新时代十年的伟大变革，根本在于有习近平总书记作为党中央的核心、全党的核心领航掌舵，在于习近平新时代中国特色社会主义思想的科学指引。“两个确立”是党在新时代取得的重大政治成果，是推动党和国家事业取得历史性成就、发生历史性变革的决定性因素。

习近平总书记高度重视工人阶级和工会工作，对工会坚持党的领导提出明确要求，强调工会工作做得好不好、有没有取得明显成效，关键看有没有坚持正确政治方向；坚持正确政治方向，一言以蔽之，就是要坚持中国共产党领导和社会主义制度；只有坚持党的领导，工会工作才能方向明确、不走偏路，才能做得有声有色、扎实有效；在坚持党的领导这个根本问题上，工会必须旗帜鲜明、立场坚定。回顾百年来党领导的现代工人运动史，我国工会坚定不移在党的领导下开展工作，与历史同步伐、与时代共命运，为党和国家事业发展作出了重要贡献。

党的十八大以来，全总和各级工会始终把坚持党的领导作为工会工作的最高政治原则和根本保证，把深入学习贯彻习近平新时代中国特色社会主义思想作为首要政治任务，健全学习新时代党的创新理论的制度性安排，准确把握其基本观点、核心要义、科学体系、根本要求；完善党组（党委）会议“第一议题”制度，第一时间传达学习、第一时间狠抓落实习近平总书记重要指示批示、党中央重大决策部署；完善向党中央请示报告重大事项制度，探索与省级党委协调推进工会工作的机制，完善全总定期听取省级工会工作报告和意见建议制度；以党的政治建设为统领加强党的各项建设，全面推进工会系统从严治党，营造风清气正的良好政治生态。党的十八大以来工会工作取得重要进展和新成效，根本在于始终坚持党对工会的领导，在于始终坚持以习近平新时代中国特色社会主义思想为指导。

当前，世界百年未有之大变局加速演进，新一轮科技革命和产业变革深入发展，国际力量对比深刻调整，我国发展进入战略机遇和风险挑战并存、不确定难预料因素增多的时期。面对严峻复杂的形势，最重要的就是要始终坚持“两个确立”，坚决做到“两个维护”，这是党在新时代十年伟大变革中积累的宝贵经验，是党和国家的前途命运所系、全国各族人民的根本利益所在，是党团结带领全国各族人民全面建设社会主义现代化国家、夺取新的伟大胜利的根本政治保证。新征程上，各级工会组织和广大工会干部必须深刻领悟“两个确立”的决定性意义，进一步增强“四个意识”、坚定“四个自信”、做到“两个维护”，坚定不移在思想上政治上行动上同以习近平同志为核心的党中央保持高度一致。坚持不懈强化理论武装，深刻把握习近平新时代中国特色社会主义思想的世界观和方法论，坚持运用贯穿其中的立场观点方法，切实用以指导实践、推动工作、破解难题。自觉同习近平总书记重要指示批示精神、重要论述、党中央决策部署要求对标对表，真正把拥护“两个确立”、做到“两个维护”体现在行动上，落实到工作中。面向基层和一线职工，广泛开展多种形式的宣传宣讲，推动“两个确立”更加深入人心、“两个维护”成为广大工会干部和职工群众的自觉行动。

引领职工听党话、跟党走，汇聚起亿万职工团结奋斗的磅礴力量

党的二十大立足新时代新征程的历史方位，深刻分析我国发展面临的形势和挑战，对全面建成社会主义现代化强国两步走战略安排进行了宏观展望，重点部署了未来5年的战略任务和重大举措，发出了为全面建设社会主义现代化国家、全面推进中华民族伟大复兴而团结奋斗的伟大号召。

习近平总书记强调，党和人民取得的一切成就都是团结奋斗的结果，团结奋斗是中国共产党和中国人民最显著的精神标识。团结才能胜利，奋斗才会成功。新时代十年，我们以奋发有为的精神把新时代中国特色社会主义推向前进，创造了一个个令人刮目相看的人间奇迹，靠的就是全党全国各族人民万众一心、勇往直前、团结奋斗。汇聚起亿万人民团结奋斗的磅礴伟力，离不开扎实有效的思想政治引领。通过卓有成效的思想政治引领，把亿万职工思想统一起来、共识凝聚起来、力量激发出来，工会重任在肩、使命在肩。

党的十八大以来，全总和各级工会认真履行引导职工群众听党话、跟党走的政治责任，把学习贯彻习近平新时代中国特色社会主义思想作为加强思想政治引领的第一位任务，通过理论宣讲、劳模宣讲、演讲比赛、知识竞赛等方式，把“大学习”的课堂搬到工厂车间、生产一线，推动习近平新时代中国特色社会主义思想进企业、进车间、进班组。加强对习近平总书记关于工人阶级和工会工作的重要论述的学习贯彻和研究阐释，推动重要论述在工会系统和广大职工中落地生根。深入开展“永远跟党走、奋进新征程”、“喜迎二十大、建功新时代”等系列宣传教育活动，培育和践行社会主义核心价值观，“中国梦·劳动美”的价值引领深入基层、扎根职工。大力弘扬劳模精神、劳动精神、工匠精神，组织劳模、工匠人才进校园、进企业，发布全国“最美职工”、“大国工匠年度人物”，努力营造劳动光荣的社会风尚和精益求精的敬业风气。加强重点领域重点群体职工思想政治工作，创新工作方式方法，强化网上思想引领，推动思想政治工作传统优势与信息技术深度融合，加强对职工的人文关怀和心理疏导，建设健康文明、昂扬向上、全员参与的职工文化。

全面建设社会主义现代化国家，是一项伟大而艰巨的事业，前途光明，任重道远，更加需要坚定信念、鼓舞斗志，更加需要同心同德、团结奋斗。新征程上，工会必须牢记“三个务必”，牢牢把握团结奋斗的时代要求，把巩固团结奋斗的共同思想基础作为思想政治引领的重要内容，不断创新职工思想政治工作，引导广大职工坚定中国特色社会主义道路自信、理论自信、制度自信、文化自信，不断增强对中国共产党领导和中国特色社会主义制度的政治认同、思想认同、情感认同，自觉把人生理想、家庭幸福融入国家富强、民族复兴的伟业之中，更加紧密地团结在以习近平同志为核心的党中央周围，坚定不移听党话、矢志不渝跟党走，为实现党的二十大确定的目标任务团结奋斗。

贯彻党的全心全意依靠工人阶级方针，组织动员亿万职工在新征程上建功立业

党的二十大报告指出，从现在起，中国共产党的中心任务就是团结带领全国各族人民全面建成社会主义现代化强国、实现第二个百年奋斗目标，以中国式现代化全面推进中华民族伟大复兴。这是站在历史和时代的高度，全面把握党和国家事业发展新要求、人民群众新期待，向全党全国各族人民发出的动员令。

习近平总书记强调，工人阶级是我国的领导阶级，是我国先进生产力和生产关系的代表，是我们党最坚实最可靠的阶级基础。我国工会是中国共产党领导的工人阶级群众组织，团结动员广大职工群众为实现党在不同历史时期确立的纲领、目标和中心任务而努力奋斗是工会的重要使命。新民主主义革命时期，工会按照党确立的符合当时形势的工运策略和活动方式，提高工人阶级的政治觉悟，动员工人群众开展各种形式的斗争，团结动员广大职工为实现民族独立、人民解放而奋斗；社会主义革命和建设时期，工会动员带领广大工人坚决响应党的号召，焕发国家主人翁精神，为建立和巩固人民当家作主的新政权、建立独立的比较完整的工业体系和国民经济体系而奋斗；改革开放和社会主义现代化建设新时期，工会坚持围绕中心、服务大局，团结动员广大职工为坚持和发展中国特色社会主义而奋斗。

党的十八大以来，全总和各级工会围绕国家重大战略、重大工程、重大项目、重点产业，组织职工广泛深入持久开展多种形式的主题劳动和技能竞赛，开展“小发明、小创造、小革新、小设计、小建议”等群众性创新活动；加强劳模、工匠和职工学习阵地建设，示范带动创建各级各类创新工作室8万多家；成功举办首届大国工匠创新交流大会，习近平总书记向大会致贺信；推荐多名一线工人获得国家科技进步奖，职工创新创造活力显著提升。扎实推进产业工人队伍建设改革，成立推进产业工人队伍建设改革工作领导小组，产业工人思想引领、建功立业、素质提升、地位提高、队伍壮大等改革措施有效落实，改革取得重要阶段性成效，产业工人在推进高质量发展中的主力军作用更加突出。

党的二十大擘画了以中国式现代化推进中华民族伟大复兴的宏伟蓝图，把宏伟蓝图变成美好现实，根本上要靠包括工人阶级在内的全体人民的劳动、创造、奉献。新征程上，工会必须牢牢把握为实现中华民族伟大复兴的中国梦而奋斗的我国工人运动时代主题，充分发挥工人阶级主力军作用，团结动员亿万职工为推进中国式现代化建功立业。围绕建设教育强国、科技强国、人才强国，深化产业工人队伍建设改革，抓好抓实职工素质提升工作，加快构建产业工人技能形成体系，推动健全落实高技能人才培养、使用、评价、激励、保障机制，畅通技能人才流动渠道，努力建设一支宏大的知识型、技能型、创新型产业工人大军，为推进中国式现代化提供坚实人才和技能支撑。

坚持以人民为中心的发展思想，扎实做好工会维权服务工作

党的二十大报告通篇贯穿人民至上的根本立场和以人民为中心的发展思想，强调“江山就是人民，人民就是江山”，强调“为民造福是立党为公、执政为民的本质要求”，对“增进民生福祉，提高人民生活品质”作出安排部署，充分体现了以习近平同志为核心的党中央矢志不渝、坚守初心的政治本色和深厚为民情怀，体现了我国社会主义制度的本质和优越性，顺应了历史发展大势和人民群众期盼。

习近平总书记指出，我们党的根本宗旨就是为人民群众办好事，为人民群众幸福生活拼搏、奉献、服务；要想人民之所想，行人民之所嘱，不断把人民对美好生活的向往变为现实；工会要认真履行维护职工合法权益、竭诚服务职工群众的基本职责，把服务职工、维护职工合法权益的大旗牢牢掌握在手中，哪里的职工合法权益受到侵害，哪里的工会就要站出来说话。扎实做好维权服务工作，是工会落实以人民为中心的发展思想、践行全心全意为人民服务根本宗旨的必然要求。

党的十八大以来，全总和各级工会认真履行基本职责，推动修改《中华人民共和国工会法》、《中国工会章程》，将工会基本职责拓展为“维护职工合法权益、竭诚服务职工群众”。助力落实“六稳”、“六保”任务，深入细致做好职工就业创业服务，推动就业优先战略和积极就业政策落实落地。以货车司机、网约车司机、快递员、外卖配送员等为重点，出台推进新就业形态劳动者建会入会和权益保障工作的指导性文件，大力推行“重点建、行业建、兜底建”模式，推进互联网百强企业建会，2021年度全国互联网百强企业全部实现建会突破，工会组织覆盖和工作覆盖取得阶段性进展，推动解决了一批新就业形态劳动者的急难愁盼问题。做优做强送温暖、金秋助学、阳光就业、职工医疗互助、工会法律援助等工作，开展提升职工生活品质试点，将20家工会帮扶中心和50家企业（工业园区）纳入全总试点单位，各省（区、市）和新疆生产建设兵团总工会开展省级试点。加强服务职工阵地建设，建设“劳动者港湾”、“爱心驿站”等工会户外劳动者服务站点10.58万个，累计投入资金18.66亿元。将城市困难职工解困脱困作为重点工作，主动融入党政工作大盘子，通过建档立卡、精准施策、强化评估、压实责任等具体举措，推动549.87万户困难职工家庭全部如期实现解困脱困。贯彻落实党中央国务院《关于构建和谐劳动关系的意见》，推动健全党政主导的维权服务机制，努力把劳动关系矛盾化解在基层、化解在萌芽状态。贯彻总体国家安全观，坚决维护劳动领域政治安全，加强相关工作体系建设，健全劳动关系风险监测、分析、研判、预防机制和职工队伍稳定风险排查化解机制，促进职工队伍团结统一与社会和谐稳定。

党的二十大对保障和改善民生、扎实推进共同富裕作出重要部署，为工会围绕中心、服务大局，履行好维权服务基本职责提供了重要契机。新征程上，工会必须始终坚持以职工为中心的工作导向，不断深化自身改革和建设，保持和增强政治性、先进性、群众性，有效发挥党联系职工群众的桥梁纽带作用。积极参与涉及职工切身利益的法律法规政策的制定修改，推动健全劳动法律法规体系。推动落实就业优先政策，推动健全就业促进机制，加强困难群体就业兜底帮扶，推动完善工资平等协商机制、正常增长机制、支付保障机制，健全向一线职工倾斜的分配制度，推动提高劳动报酬在初次分配中的比重，在促进共同富裕中更好发挥工会作用。积极推动完善以职工代表大会为基本形式的企事业单位民主管理制度，依法保障职工知情权、参与权、表达权、监督权，在发展全过程人民民主中保障职工民主政治权利。加快构建以普惠性服务和精准帮扶为重点的工会服务职工体系，着力提升质量和实效。巩固拓展城市困难职工解困脱困成果，推动解困脱困与提升职工生活品质有效衔接，健全困难职工家庭常态化帮扶机制，不断提高职工群众的获得感、幸福感、安全感。增强忧患意识、坚持底线思维，发扬斗争精神、增强斗争本领，密切关注降薪裁员、欠薪欠保、劳资纠纷、生活困难等可能引发的突出风险，积极推进“法院+工会+人社+司法”四方联动机制建设，推动构建和谐劳动关系，在维护企业和社会大局和谐稳定中更好发挥工会组织作用。

党的二十大吹响了新时代新征程奋勇前进的号角。我们要进一步增强学习领会贯彻落实党的二十大精神的自觉性和坚定性，找准工会贯彻落实党的二十大精神的切入点、结合点、着力点，切实把党中央提出的战略部署转化为工会的实际行动，充分展示工会在推进中国特色社会主义事业中的新担当新作为。

（本文系全国人大常委会副委员长、中华全国总工会主席王东明同志在2022年12月16日《求是》杂志发表的署名文章）

目　录

CONTENTS

第一章　工会经费审查监督工作概述

工会经费审查监督工作（以下简称“工会经审工作”）是工会工作的重要组成部分，也是国家经济监督的重要组成部分。在社会主义市场经济条件下，工会的经济活动都要接受工会经费审查委员会（以下简称“工会经审会”）的审查监督。加强工会经审工作，是工会依法治会，贯彻工会经费独立原则的客观要求；是对工会经费收支和资产管理实行民主监督和审计监督的有效途径；是加强工会自身监督的重要措施。

第一节　工会经审工作的性质与地位

中国工会是中国共产党领导的职工自愿结合的工人阶级群众组织，广大工会会员是工会的主体，是工会的主人，也是工会资产的主人。工会经费是工会组织贯彻实施工运方针，履行工会社会职能，发展工运事业的物质基础。工会举办的企事业是职工群众的活动阵地，是工会联系职工群众的窗口。工会经费使用是否得当，工会资产是否安全完整，工会企事业单位经营绩效的好坏，都关系到工会组织能否更好地贯彻实施工运方针，全面履行社会职能，进一步密切联系群众，加强工会组织的吸引力、凝聚力。所以，工会经费的使用、资产管理和所属企事业单位的经济活动都要接受会员群众的审查监督。

工会经审工作是工会经审会对工会经费收支、资产管理等全部经济活动依法进行审查的经济监督。各级工会经审会依据

《工会法》、《审计法》、《中国工会章程》、《中国工会审计条例》等法律法规，依法依规履行监督职责，对工会经费、资产管理等全部经济活动的真实性、合法性与效益性实施审查审计监督。

工会经审工作的基本原则和基本内容，在《工会法》、《中国工会章程》和《中国工会审计条例》中都有着明确的规定。《工会法》第四十五条规定："工会应当根据经费独立原则，建立预算、决算和经费审查监督制度。各级工会建立经费审查委员会。各级工会经费收支情况应当由同级工会经费审查委员会审查，并且定期向会员大会或者会员代表大会报告，接受监督。工会会员大会或者会员代表大会有权对经费使用情况提出意见。工会经费的使用应当依法接受国家的监督。"《中国工会章程》第十三条也明确规定："各级工会代表大会选举产生同级经费审查委员会。中华全国总工会经费审查委员会设常务委员会，省、自治区、直辖市总工会经费审查委员会和独立管理经费的全国产业工会经费审查委员会，应当设常务委员会。经费审查委员会负责审查同级工会组织及其直属企业、事业单位的经费收支和资产管理情况，监督财经法纪的贯彻执行和工会经费的使用，并接受上级工会经费审查委员会的指导和监督。"《中国工会审计条例》顺应工会经审工作发展的要求，依据《工会法》、《中国工会章程》和《中华全国总工会关于加强工会经费审查监督工作的意见》的规定，重申和强调"经审会应当与同级工会委员会同时考察、同时报批、同时选举产生"。这些法律法规和相关规定充分表明，工会经审工作是工会全局工作不可分割的重要组成部分，而其重要性则更多地体现在不可替代、不可缺失的特殊性上。这不仅为工会经审工作在工会全局工作中的定位打下了坚实的基础，也为工会经审工作在法规制度上、组织机构上提供了保障，使各级工会经审会能够依法履行职责，加强对工会经费和资产的审查监督，发挥工会经审工作在保障工会各项经济活动健康运行、促进工会工作全面发展中的积极作用。

一、工会经审工作的性质

了解工会经审工作的性质，掌握工会经审工作的特点，是认识工会经审工作重要性，厘清工会经审工作思路，把握工会经审工作要点的首要问题。

（一）工会经审工作的群众性

工会经审工作具有广泛的群众性。第一，体现在各级工会经审会及其委员的产生上，其不是委派的、任命的，而是由会员大会或会员代表大会选举产生的。工会经审会委员构成有着广泛的代表性，分别代表着不同方面的职工群众。第二，体现在审计人员的组成上，工会经审会可以聘请具有审计、财会等专业资格和职业能力的人员作为特邀审计员参与审计工作。第三，体现在基层工会经费审查监督的民主性上，工会经费审查监督依托民主监督不断强化，民主监督通过工会经费审查监督不断丰富拓展，民主监督与专业监督相结合的监督机制是中国工会经费审查监督的优势和特点，在国家审计、社会审计和内部审计的组织中是独一无二的。第四，体现在公开性上，工会经审会向会员大会或会员代表大会报告工作，把工会经费审查监督的结论、意见、建议及经审工作的各个方面情况列为报告的主要内容；工会会员大会或会员代表大会有权对经费使用情况提出意见，对工会经审工作提出要求。

（二）工会经审工作的独立性

工会经审工作的独立性，是工会经审工作的本质属性，与工会经费独立的原则相一致。第一，各级工会经审会受会员大会或会员代表大会的委托，代表会员群众对工会经费和资产管理进行审查监督，并对会员大会或会员代表大会负责。第二，各级工会经审会依照法律法规和相关制度规定的职权、程序进行审查监督，组织人员对有关项目实施审计，在规定职权范围内作出审计评价和审计决定。第三，工会经审工作按照会员大会或会员代表大会的要求进行，在审查监督过程中，不受外来或内在因素的影响和干扰，不受任何个人意志的支配和左右。第四，工会经审会及其工作机构和审计人员不参与被审计单位的经济活动，与被审计单位没有经济利害关系，有利于作出客观、公正的判断和结论。

（三）工会经审工作的权威性

工会经审工作的权威性，取决于经审组织代表广大会员群众利益，由法律法规和相关制度的刚性约束而实施审查审计，并有着科学的标准和严谨的操作程序。第一，各级工会经审会由同级会员大会或会员代表大会选举产生，并代表会员群众对工会经费使用和资产管理等进行监督。第二，工会经审工作标准、依据直接源于《工会法》、《审计法》、《中国工会章程》、《中国工会审计条例》、《中华全国总工会关于加强工会经费审查监督工作的意见》等法律法规和相关制度，各级工会在贯彻执行中，结合本地区、本系统、本单位的特点，对其所涉及的内容又进一步细化为可遵循的规范化标准。第三，开展工会经费和资产管理审查、实施项目审计有严格的程序，从制订年度工作计划、编制审计工作方案到实施审计的工作步骤、日程进度以及形式、方法都按条文执行，不得有任何的随意性。第四，审计评价、审计决定以法律和规定为准绳，以事实为依据，查有出处，经得起实践的检验。

二、工会经审工作的地位

工会经审工作是工会全局工作必不可少的组成部分，也是我国审计监督的一项重要内容。切实加强工会经审工作，对于促进各级工会组织牢固树立为职工当家理财的思想，贯彻党和国家的财经法纪和工会财务制度，依法收好、管好、用好工会经费，促进工会经济活动的规范运作，推动工会企事业健康发展，促进工会系统党风廉政建设，维护职工群众和工会组织的合法权益，都具有十分重要的意义。

（一）开展工会经审工作是贯彻工会经费独立原则的客观要求

《工会法》第四十五条规定："工会应当根据经费独立原则，建立预算、决算和经费审查监督制度。"在这里，《工会法》既赋予了工会组织独立管理经费的权利，又规定要实行经费审查监督制度，从而在经费收缴、管理、使用和监督方面形成完整的机制，也就是明确了工会收好、管好、用好和监督好工会经费的权利、义务和责任。建立严密科学的工会经费及资产管理和监督的体制，既包括财务、资产部门的专业管理，又包括经审组织的审查监督，两者是不可分割的有机整体，既互相统一，又互相制约，这是贯彻工会经费独立原则的必然要求。

工会实行经费独立原则之所以需要经费审查监督，首先是权力制衡的需要。历史和现实的经验告诉我们，任何权力都必须受到监督和制约，脱离监督必然走向反面。所以，《工会法》赋予了工会组织在经费收缴、管理、使用等方面的决定权和管理权，同时也提出了运用审查审计手段建立监督制约机制的要求。各级工会必须按照《工会法》、《中国工会章程》的规定，建立工会经费审查监督制度，依法独立地开展经费审查监督工作，健全自我监督和内部控制的机制，对经费收、管、用进行切实的审查监督，保障工会资产的安全和完整。其次，工会财务制度的执行和工会资产管理工作的开展需要审查监督来提供保障。工会依照《工会法》的规定，根据党的方针、政策和国家法律、法规及财经制度，制定了一整套工会财务制度和资产管理制度，对经费预算、经费开支、经费分配办法和上解经费比例及资产经营预算等都作出了规定，并设立了独立自主进行工会经费和工会资产管理的组织机构，这些都需要建立工会经费审查制度，通过审查监督，落实制度，并提出建立健全各项财务管理和资产管理制度的意见和建议，推动工会内部控制制度的完善。总之，工会经费的审查监督工作，是坚持经费独立管理原则的客观要求，对收好、管好、用好工会经费和加强工会资产管理是十分必要、不可缺少的。不建立经费监督和控制的机制，就不能健全完善各项工会经费和资产的管理制度，就不能全面落实《工会法》和《中国工会章程》的规定。

党和国家历来重视并支持工会依据经费独立原则开展经费审查监督工作。早在1950年颁布的第一部《工会法》中就明确规定："工会应根据经费独立原则，建立自己的预算、决算、会计、审核等制度。"1992年，根据新时期对工会工作的要求，总结新中国成立40多年特别是改革开放以后工会工作的经验，全国人大对1950年制定的《工会法》进行了修改，进一步明确了各级工会经费收支情况应当由同级工会经审会审查，并且定期向会员大会或者会员代表大会报告，接受监督的要求。2001年、2009年和2021年三次修订的《工会法》中，均单独设立条款规定了工会要依据经费独立原则，建立经费审查监督制度。2021年新修订的《审计法》进一步提高了内部审计的法律地位。党和国家高度重视工会的经费审查监督工作，因为经费审查监督工作在工会全局中占有非常重要的位置，具有不可替代的重要作用。

（二）开展工会经审工作是对工会经费和资产管理实行民主监督与审计监督的有效方式

《工会法》第四十五条规定："各级工会建立经费审查委员会。各级工会经费收支情况应当由同级工会经费审查委员会审查，并且定期向会员大会或者会员代表大会报告，接受监督。工会会员大会或者会员代表大会有权对经费使用情况提出意见”。《中国工会章程》第四十条规定：“各级工会委员会按照规定编制和审批预算、决算，定期向会员大会或者会员代表大会和上一级工会委员会报告经费收支和资产管理情况，接受上级和同级工会经费审查委员会审查监督。”由此可见，工会经费收支和资产管理必须接受会员群众的民主监督。工会经费收支和资产管理之所以要接受会员群众的民主监督，是由工会经费和资产来自会员群众、用于会员群众的性质所决定的。

由于各级工会经审会是由同级工会会员大会或者会员代表大会民主选举产生、代表会员群众对工会经费收支和资产管理情况进行审查监督的组织，且工会经审会的各项审查是建立在审计的基础上的，因此工会经审会对工会经费和资产的审查监督是民主监督与审计监督的结合。工会经审会的审查监督具有法定性和强制性，只要成立工会组织并独立管理经费就必须依法建立经费审查监督制度、成立经审组织并开展经费审查监督工作，工会的各项经济活动都必须接受经审会审查监督。工会经审会代表会员群众行使审查监督权，对工会经费收支及所有经济活动实施审查监督，以体现广大会员群众当家理财的权利，使工会财务的民主管理和民主监督落到实处。

工会经审会在开展审计监督的基础上，通过会议审查预算编制情况，监督工会经费的合理分配和投向，保证工会重点工作的完成；通过对会计资料以及所反映的经济活动的审核、检查，确定其是否真实、正确、合理，监督财经法纪、工会会计制度的贯彻执行和工会经费的合理使用，加强资产管理，防止工会资产的流失；通过对工会经费收支工作的审查，对经费收缴、上解经费情况作出评价，提出意见建议，促进工会经费的收缴工作；通过对工会企事业单位财务收支以及经济效益审计，对工会企事业单位的经营管理、内部控制制度作出评价，指出存在的问题，提出堵塞漏洞、健全制度、改善管理、提高效益的意见，推进工会企事业提高经营管理水平，促进工会企事业的发展。工会经审会结合审查审计情况提出相关意见和建议，为工会领导机关提供决策依据、当好参谋助手。总之，工会经审工作通过“审、帮、促”的有机结合，推动工会经费应收尽收，促进经费使用的科学决策，促进经费的宏观调控和合理使用，促进经费使用效益的评估和控制机制的建立，促进工会资产的保值增值，为工会工作的发展保驾护航。

（三）开展工会经审工作是工会依法维权、依法治会的重要途径

坚持依法维权、依法治会，是在社会主义市场经济条件下开创工会工作新局面的有力保证。工会依法维权、依法治会，一方面要依法开展维护职工群众和工会组织权益的工作；另一方面要依法规范自身的行为。工会经审工作在这两个方面都有不可替代的重要作用。

加强工会经审工作，是工会依法维权的重要内容和有效手段。工会的经费是工会开展工作和组织活动的物质基础和财力保障。收好、管好、用好工会经费，是亿万职工对工会的期望和重托，是工会必须履行的义务和职责。切实做好工会经审工作，不仅能监督制约欠缴、漏缴工会经费的行为，促进工会经费及时、足额收解，而且能监督制约工会经费管理和使用中的违法违纪行为，做到严格管理、合理使用、避免损失。这实际上是对职工和工会合法权益的维护，是工会履行维护职能的重要体现。相反，如果忽视工会经审工作，审查监督不到位、不得力，经费收管用出了问题，造成资产损失，那就是严重失职，不仅会使职工切身利益和工会自身权益受到损害，而且会使职工群众对工会的信任和感情受到伤害。

加强工会经审工作，是工会依法规范自身行为的内在要求和有力措施。工会自身行为的规范，既要靠各级工会干部特别是领导干部自身素质的提高，又要靠健全的内部监督制约制度。大量事实说明，缺乏监督制约的系统，是一个不健全、不健康甚至是难以控制、隐患重重的系统。在发展市场经济过程中，社会上的不正之风、腐败现象容易侵入一些工会的内部。工会经济活动中出现的违法违纪现象，都与制度不全、管理不严、监督不力有直接的关系。通过加强工会经审工作，把工会干部的自律与组织制约结合起来，把业务部门的专业监督、单位内部的群众监督同经审组织的职能监督结合起来，监督和促进各级工会执行党和国家的财经法纪和工会财务制度，层层布防，处处设卡，形成对违法违纪行为的严密防线，就能及时发现问题，堵塞各种漏洞，防范腐败行为，促进工会系统作风转变和党风廉政建设，保证工会经济活动的规范有序、高效运作。因此，加强包括经审监督在内的工会内部监督制约机制的建设，是工会自身的一项带有根本性的建设。

第二节　工会经审工作的职能与任务

了解工会经审工作的职能，明确工会经审工作的任务，是做好工会经审工作的重要前提。

一、工会经审工作的职能

监督是工会经审工作的基本职能。依法履行监督职责，当好工会经济监督的卫士和工会经济发展的谋士，是工会经审工作服务大局的着眼点和着力点，也是工会经审组织的立身之本。

（一）经济监督职能

经济监督职能主要是指工会经审会依据国家法律法规和工

会相关制度，对工会经费收支、资产管理等全部经济活动开展审查审计，揭露违法违纪、稽查损失浪费、查明错误弊端，督促收好、管好、用好工会经费，促进工会经济活动规范运作，实现工会资产保值增值。经济监督体现在审查审计的全过程。

（二）经济评价职能

经济评价职能主要是指工会经审会通过审查审计，依据有关规章制度对所查明的事实作出分析判断。经济评价要以查明客观事实真相为前提，把肯定成绩、发现问题、提出建议紧密结合起来，推动被审查审计单位科学决策、完善管理、健全内控、提高效益。

（三）经济鉴证职能

经济鉴证职能主要是指工会经审会通过审查审计，对被审查审计单位的会计资料及有关经济资料所反映的财务收支和有关经济活动的真实性、正确性、合法性和合理性进行检查和验证。其出具的证明，是为审计的授权人或委托人及利益相关方提供确切的信息，并取信于工会干部和会员群众。

二、工会经审工作的任务

（一）促进工会政策措施贯彻落实

中国工会十七大以来，全国总工会经费审查委员会（以下简称“全国总工会经审会”）准确把握工会经审工作的新任务新要求，着力转换工会经审工作理念思路，把助力工会政策措施的贯彻落实作为首要工作，围绕贯彻落实党和国家相关重大经济社会政策措施以及全国总工会决策部署情况开展政策跟踪审计，实现全过程、全链条监督，推动工会政策措施落地见效。各级工会经审组织结合本地区、本行业（系统）工会中心工作确定审计的重点领域、重点事项和重点专项资金，切实开展好政策跟踪审计，有效发挥政策作用。

（二）促进收好、管好、用好工会经费

工会经审会要协助同级工会收好、管好、用好工会各项经费，监督同级工会认真贯彻执行党和政府的财经法纪以及工会的各项财务规章制度。主要任务是：审查同级工会及其所属企事业单位的预算编制、预算执行情况及其他财务收支是否符合国家规定，是否准确合理地反映了工会工作的需要；组织开展工会经费计拨审计，协助税务等部门代收工会经费，配合工会财务部门开展财务检查，促进工会经费应收尽收；促进工会财务、资产管理等部门健全制度、强化管理、规范运作，督促有关方面按照规定发扬财务民主，实行财务公开；深入实际，调查研究，总结经验，对经费收支和资产管理，提出切实可行的改进意见或建议，确保工会经费使用真正体现服务大局、服务基层、服务职工的原则。

（三）促进工会资产安全、完整和效益

工会资产是工会占有或使用的经济资源，是工会服务大局、服务基层、服务职工必不可少的物质基础。做好工会资产监督管理是工会的一项重要的、经常性的基础性工作。加强工会资产审查审计监督，促进工会资产基础管理工作，健全资产管理制度，保障工会资产的安全完整，不断提高工会资产收益，是工会经审工作的一项重要任务。一要结合审查审计加强调查研究，摸清资产监督管理的现状，分析工作中存在的主要问题及原因，科学界定工会经审会与工会资产监督管理部门的职责分工。二要研究工会资产审查审计监督的有效形式，探索对工会重大投资、工程项目进行全过程跟踪审计的内容和方式。三要及时开展破产、转改制工会企业资产清查审计，依法维护破产、转改制工会企业资产的所有权。工会企业破产、转改制的，工会经审会应及时开展资产的清查审计工作，确保破产、转改制工会企业资产的安全、完整，依法维护工会和职工的合法权益。破产工会企业中属于工会所有的社团法人资产，不能作为破产资产进行清偿处理。四要探索工会绩效审计的方法与途径。实施工会绩效审计与跟踪问效是经济和社会发展的客观要求，也是工会审计发展的必然趋势。工会经审工作要积极探索适合工会经济特点的绩效审计方法与途径，不断提高工会资产使用的经济性、效率性和效果性。

（四）促进工会经济活动的规范运作

随着社会主义市场经济的发展，工会的财力不断壮大，经济活动日趋活跃，如何规范工会各项经济活动的运作至关重要。要加强工会经审会审查审计监督，检查工会经费收支和资产管理是否严格遵守国家财经法规和工会相关制度，促使各级工会和所属企事业单位依法管理、依法运作。通过审查审计，及时发现挤占挪用、损失浪费、贪污腐败等违法违纪问题，向有关方面提出处理意见。通过审查审计，帮助并督促工会企事业单位健全自我约束机制，改善经营管理，促进增产节约、增收节支，提高经济效益。通过对审查审计中带有普遍性、倾向性的问题进行综合分析，从宏观角度向各级工会提出加强管理的建议，推动工会经济活动管理机制和内部控制机制的完善。

第三节　工会经审工作体制和格局

为了切实履行对工会经费收支和资产管理情况审查审计监督职责，工会经审工作必须紧密联系实际，建立一套符合工会工作实际的工会经审工作体制，以卓有成效地开展经费审查监督，保障工会经费收支和资产管理的安全运作，促进工会经济活动规范有序。

一、工会经审工作的体制

工会经审工作实行“统一领导、分级管理、分级负责、下审一级”的工作体制，即在全国总工会经审会的统一领导下，充分调动各级工会经审会的积极性和创造性，统一步伐、齐心协力地做好工会经审工作。

（一）统一领导

统一领导，主要体现在工会经审工作的制度和办法，由全国总工会统一制定；上级工会经审会对下级工会经审工作进行督促检查。全国总工会经审会通过颁布制度、制定政策、部署工作，对全国各级工会经审工作实行统一领导。在工会经审工作各个发展阶段，全国总工会经审会提出相关的指导思想、工作任务和重要措施。下级工会经审会应当根据上级工会经审会的工作部署，研究确定自己的工作思路和任务，重大问题应向上级工会经审会请示报告。各级工会经审会及经审干部应自觉接受上级工会经审会的业务指导，积极协助上级工会经审会开展工作。上级工会经审会对下级工会经审工作进行督促检查、量化考核和评比表彰，促进工会经审工作水平的整体提升。

（二）分级管理

分级管理，主要体现在各级工会经审会按照财务管理级次划分工作范围、明确工作职责。地方工会和独立管理经费的产业工会，从省级、市级、县级一直到基层，各级工会经审会都要建立健全与财务管理体制和资产监管体制相匹配的监督制约机制，在职责范围内卓有成效地开展审查审计工作。

（三）分级负责

分级负责，主要体现在工会经审会对同级工会会员大会或会员代表大会负责，依法独立履行职责，有权直接处理职责范围内的事务。各级工会经审会根据上级工会经审会的工作部署，结合本级工会实际研究制订工作计划，确定工作重点，制定相关制度，抓好工作落实，不断提高工会经审工作的整体水平，充分发挥经审监督的效能。

（四）下审一级

下审一级，就是上级工会经审会对下一级工会经费的收缴、管理、使用情况进行审计。这是上一级工会经审会的重要职责。审计内容主要包括工会经费预算执行情况和财务状况，经费计提和拨缴情况，专项资金的筹措、拨付、管理和使用情况，资产的管理、使用和处置情况，财务管理和相关内部控制制度情况等。审计时限一般为上一年度，如有特殊需要，可追溯以往年度。必要时，还对下一级工会有投资、拨款补助的直属企事业单位财务收支、资产管理情况进行延伸审计。下一级工会遇有重大或必要的审计事项需要上级工会经审会审计时，由下一级工会或下一级工会经审会，向上级工会经审会提出申请，经批准后对其进行审计。下审一级必须做到对下级工会审计的全覆盖。

二、工会经审工作的格局

经过各级工会经审组织多年的实践探索，工会经审工作形成了“以国家审计为指导、以工会经审组织为主体、以社会审计为补充、以职工会员监督为基础”的常态化监督工作格局，调动了各方面的资源，形成了经费审查审计监督的合力。

（一）以国家审计为指导

各级工会经审会要加强与国家审计机关的联系沟通，了解和掌握国家审计的规划和要求，参加同级审计机关召开的工作会议，接受审计机关的业务指导和监督，配合审计机关对政府补助工会或委托工会管理的专项资金使用情况进行审计，参加审计部门举办的业务培训及理论研讨活动，获得政策支持、信息交流、资源共享、指导帮助，不断提高工会审计工作的质量和效能。

（二）以工会经审组织为主体

《工会法》第四十五条规定："各级工会经费收支情况应当由同级工会经费审查委员会审查。"《中国工会章程》第十三条规定："经费审查委员会负责审查同级工会组织及其直属企业、事业单位的经费收支和资产管理情况，监督财经法纪的贯彻执行和工会经费的使用。"这些条文决定了工会经审会作为经审工作主体，必须切实承担起《工会法》和《中国工会章程》赋予的神圣使命，认真开展各项审查审计工作。各级工会经审会应当按照"工会经济活动运行到哪里，工会经审工作就监督到哪里，将工会全部经费、资产及经济活动置于有效监督管理之下"的工作要求，依照法律和工会章程规定的职责、权限和程序，对工会经费收支、资产管理等全部经济活动的真实、合法与效益实施审计监督。依据法律和事实，客观公正、独立自主地作出审计评价和结论，必要时作出审计决定，推动工会事业健康发展。

（三）以社会审计为补充

随着工会经费的不断增长和工会经济活动的日趋活跃，工会经费审查审计的任务越来越重。为适应新形势下经费审查审计工作的需要，许多地方工会经审会建立了委托社会审计中介机构参与工会审计的制度，整合资源，充实力量，缓解工会经审干部力量不足的矛盾，提高了工会经审工作整体水平。各级工会组织要认真做好社会审计中介机构选聘工作，做到制度建立健全、人员相对稳定、管理逐步规范、工作有序开展、作用明显发挥。要针对委托审计工作特点，尽可能地为他们的学习、工作和生活提供便利条件，创造良好的工作环境，切实解决在工作中遇到的实际困难，帮助他们尽快熟悉业务、进入角色，全身心投入工会经审工作之中。此外，各级工会经审会遇到审计力量不足、相关专业知识不能满足审计工作需要时，可以聘请特邀审计人员参与工会审计工作，充分发挥社会审计力量的优势和作用。

（四）以职工会员监督为基础

《中国工会章程》第九条规定："工会各级委员会，向同级会员大会或者会员代表大会负责并报告工作，接受会员监督。"职工会员监督是各级工会组织民主建设的必然要求，通过会议报告、工会经费预决算公开、意见征集等形式，不断创新职工会员监督的方式和途径，在督促基层工会推行工会经费预决算公开的同时，积极探索开展审查审计结果公开制度，有效发挥职工会员的民主监督作用。

第四节　工会经审工作方针

《中国工会审计条例》确定的"依法审计、服务大局、突出重点、注重实效"的工作方针，适用于工会经费审查审计的各项工作。

一、工会经审工作方针的内涵

依法审计是工会经审工作的基本原则。工会经审组织和经审干部应当依照法律规定行使审查审计监督权，开展各项审查审计活动。依法审计原则要求工会经审会和经审干部必须按照法律规定的职责、权限和程序开展审查审计监督活动。审计报告要坚持工会组织整体利益和会员群众利益的一致性，说实情，报实数；审计评价要客观公正，实事求是，对被审计单位的工作尽可能作客观、科学、准确的评价；审计建议要以促进工作、改善管理为目的，推动工会财务和资产管理制度建设。

服务大局是工会经审工作的根本任务。工会经审组织和经审干部要以习近平新时代中国特色社会主义思想为指导，坚持走中国特色社会主义工会发展道路，服从、服务于工会中心工作。要牢固树立大局意识、责任意识、监督意识和服务意识，把工会经审工作纳入工会全局工作之中来把握，围绕工会工作任务来研究、谋划、部署和推动经费审查审计监督工作。监督是工会经审工作的本质，也是工会经审工作区别于工会其他工作的根本属性，离开了监督，工会经审工作就失去了立身之本。各级工会经审组织和经审干部要忠实履行监督职责，牢牢把握住工会经审工作服务大局的工作角度和着力点。

突出重点是工会经审工作的主攻方向。工会经审组织和经审干部要坚持抓重点、抓要害、抓关键，把主要精力和力量放在加强对事关工会经费和资产安全重大问题的监督上，有效防范风险、避免损失。对重点领域、重点部门、重点资金和重大项目，进行全过程跟踪审查审计。哪里存在影响工会经费和资产安全的隐患，就要把监督覆盖到哪里，不留“死角”和“真空”。查出问题必须如实揭露，重大问题要及时向同级工会党组织和领导班子报告，提出切实可行的意见和建议并抓好督促整改。

注重实效是工会经审工作的核心要求。工会经审组织和经审干部要把求真务实贯穿于经费审查审计的全过程，落实“审、帮、促”的要求，充分发挥审查审计监督的效能，在揭露问题、落实整改、促进管理、推动工作上下功夫、见实效。审查审计见实效，要体现在重要事项的刚性约束上，如本级工会经费年度预算不经工会经审会全体委员会（以下简称“全委会”）会议审查通过，工会主席不签字，上级工会不审批；追加预算不经工会经审会或经审会办公室负责人审查同意，财务部门不予办理；工会企事业单位不经审计，其经营成果不予确认；基本建设和维修改造工程不经审计，不予验收和结算；等等。这些都是经审监督实效的重要体现。

二、工会经审工作方针的贯彻落实

贯彻落实工会经审工作方针，推动工会经审工作的深入发展，是各级工会的共同任务。要把工会经审工作纳入工会全局工作，认真研究，精心谋划，周密部署，抓好落实。

（一）加强党对工会经审工作的领导

各级工会党组织要加强对工会经审工作的领导，工会领导班子要对职责范围内的工会经审工作负全面责任：要把工会经审工作列入重要议事日程，抓好部署、检查和指导；要支持工会经审组织依法履行监督职责，注意解决经审监督中遇到的实际问题；同时要自觉接受经审监督，主要领导同志要作出表率。

（二）加大工会经审监督力度

各级工会经审组织要适应形势发展的需要，坚持把工会全部经济活动置于有效监督之下，坚持工会工作开展到哪里，经审工作就延伸到哪里；工会经济活动运行到哪里，经审工作就监督到哪里。要拓展经审监督范围，加大审查审计力度，将监督关口前移，加强事前防范，实施从“源头”、“过程”到“结果”的全面审查审计监督，做到违纪违规问题能够及时预防、查清、如实揭露、督促整改，有效防范和化解工会经费和资产风险，在工会全局工作中发挥重要作用。

（三）健全工会经审工作制度体系

要在总结实践经验的基础上，依据《工会法》、《中国工会章程》、《中国工会审计条例》的有关规定，进一步健全工会经费和资产管理审查审计制度、工会经审会以及办公室工作制度、工会经审工作考核激励制度等，使工会经审工作纳入科学化、制度化、规范化的轨道。要注重制度创新和机制创新，推动由财务收支审计为主向通过财务收支审计促进经费使用效能转变，由查错纠弊为主向通过查错纠弊促进内控制度完善转变，由实施审计监督为主向审计监督与服务并重转变，由事后监督为主向事前、过程和结果全过程监督转变，由重审计的真实合法性向审计的真实合法性与审计效能并重转变。

（四）提高工会经审干部队伍素质

各级工会经审组织要把提高经审干部队伍素质作为一项战略性任务来抓，进一步改善工会经审会委员和经审干部队伍的专业结构和知识结构，不断提高专业人员比例。充分利用社会资源，探索建立特邀审计员队伍，不断充实工会审计力量。加强对经审干部的培训和教育，鼓励和支持经审干部取得相关资格证书，不断增强经审干部的政治意识、大局意识、核心意识、看齐意识，提高经审干部的理论政策水平和业务工作能力。

思考题：

1. 如何认识工会经审工作的性质、地位和作用？
2. 工会经审工作的职能和任务是什么？
3. 如何认识工会经审工作的体制？
4. 如何认识工会经审工作的方针？

第二章　工会经费审查监督工作的历史发展

自1925年中华全国总工会成立之初甚至更早，我们党就十分重视工会经费的审查监督工作。工会经费审查监督贯穿中国工会运动历史进程，随着工人运动的开展而萌发，随着工人运动的推进而加强，随着工会工作的发展而深化。

第一节　新中国成立前的工会经审工作

工会经费审查监督，在中国共产党领导下的工人运动早期就已经产生并逐步推行。在长期的革命斗争岁月里，不论在革命根据地还是在国民党统治区，党领导的工会组织都十分重视并切实加强经费审查监督工作。

安源路矿工人俱乐部成立的“经济审查委员会”，成为中国工会组织的第一个经济监督机构。1922年，江西萍乡安源路矿工人俱乐部成立后，为了更好地管理工人俱乐部的经济，保障工人俱乐部的经济安全，决定由总代表会选出“经济委员会”管理和监督工人俱乐部经济。经过一年的实践，为了突出体现对工人俱乐部经济的监督，1923年将“经济委员会”名称改为“经济审查委员会”，并制定《经济审查委员会章程》，选出委员九人，推举出委员长和审查主任。他们对工人俱乐部的经济收支情况审查后向工人张榜公布，受到了工人群众的信任和认可。“经济审查委员会”只有监督权，没有经济支配权。这是工会组织对工会经济监督的开始，是经费审查的雏形，是工会组织对工会经济审查监督工作的初步认知和实践。

二七大罢工后的“抚恤审查委员会”，首次开展了工会组织专项经费审查监督。二七大罢工后，一部分用于对烈士遗属和遇难工友的抚恤救济款被工贼利用职权窃取，这是由于工会对抚恤救济款缺乏监督造成的。为了处理这个事件，1924 年 2 月 7 日至 10 日，全国铁路总工会在郑州召开了第二次代表大会，通过了《审查二七救济委员会抚恤款项问题决议》，决定成立“抚恤审查委员会”，“严密考核该项收支细数，报告大会，并尽早公布详细账目，以昭大信”。此举是工会经审监督的首次延伸审查尝试，对工会纯洁组织、团结吸引会员群众、提高工会在会员群众中的威信、树立工会为会员群众服务的形象，起到了极好的作用。

省港大罢工委员会制定实施《审计局组织法》，成立了审计局对罢工经费实施审计，首创了中国工会经费审计监督。省港大罢工从 1925 年 6 月 19 日起到 1926 年 10 月结束，历时 16 个月，规模之大，时间之久，是世界工人运动史上罕见的。罢工委员会组织严密，下设干事局、财政委员会、会审处、保管拍卖处、法制局、审计局等组织。1926 年 3 月 29 日，省港罢工委员会颁布了《审计局组织法》，规定审计局直属省港罢工委员会；审计局设委员 11 人，委员系由省港罢工工人代表大会选出；审计局设正、副局长，局长人选由 11 名委员选举产生；审计局行使审计省港罢工委员会所属财政委员会、纠察委员会、法制局、干事局、会审处、司法机关等机构全部经常费用的审计权，规定审计局如审计出各机关之进支数目及购办物品有舞弊事情，应据实呈报省港罢工委员会查办之。采取这些举措，杜绝了经费使用中的漏洞，保证了罢工经费的安全。《审计局组织法》是中国共产党领导下制定的第一部审计监督的组织法规，对罢工经费实施审计是中国共产党领导下工会经费审计监督的首创。

国家工厂工会审查委员会的建立，是工会经费审查监督拓展到企业的标志。1935 年，全国总工会西北执行局规定："国家工厂工会需要加上一个审查委员会的组织，直接产生于工人大会，其任务是实行与检查工厂工会委员会财政的一切问题。"审查委员会由三到五人组成，检查诸如出入账目是否有浪费、是否按预算的纪律进行等问题，并至少每月需要检查一次，检查的结果应向工人大会报告。如检查有毛病时，先提到工厂委员会审查与讨论，然后再提到工人大会宣布。这一举措的实施，使工会经费审查监督拓展到企业，延伸到基层，为会员群众直接参与工会经费审查监督提供了平台。

从中国工会历史上不完整保存下来的文献中，早就有关于工会经济问题的记载。其中，刘少奇同志的两篇重要文章对工会运动和工会经费审查监督产生了深远影响。

一是《工会经济问题》。这是 1926 年 12 月，时任全国总工会秘书长的刘少奇同志给湖北省总工会干部写的一篇重要文章。刘少奇同志在文中指出，经费问题，是工会中时常发生的大问题，可以使工会分裂，可以使工会塌台，可以使工会不信仰他们的领袖及工友。工会无钱，经济困难，固然可以减弱工会的力量……工会有钱，若使用不当，支配不平，则所发生的问题更多且大。"何况真有不争气的职员，真的侵吞公款，弄出黑幕，有账目不清等事，工人群众，哪有不群起而攻之？如此一来，此帮彼派，互相争打，工会分裂了。工人领袖们！工友们！工会的经济问题，是工会进行中多么大的危险呵"，"大家要有很大的责任心去监督工会的经济，要订出很多的章程法则，预防这类问题的发生。这种技术的工作，是革命中很重要的工作，与工人阶级的幸福有极大的关系。我因为看到这个问题的重要，特把这个问题的全部分写成一本小册子，望各工人领袖及工友们尽量采纳施行，工会前途幸甚!”在中国工会运动中，刘少奇同志首先写出文章，提出对工会经济要监督的思想，直到目前，这篇重要文章的基本思想对我们的工作仍然起着指导作用，有着重要的现实意义。

工会的经济必须监督，那么如何进行监督、采取什么样的监督形式？刘少奇同志在《工会经济问题》中都有明确阐述，指出在工会组织中要成立工会经济审查委员会，并对工会经济审查委员会的组织、任务、方法、职权作出了规定。

关于建立工会经济审查委员会组织问题，刘少奇同志指出，“工会为慎重起见，须由代表会推举五至九人组织经济审查委员会，按月审查工会银钱账目，向代表会报告。经济审查委员会不受执行委员会之支配，但只能审查账目，不能支配经济”。这里明确了经济审查委员会是代表大会推举产生，独立于执行委员会，向代表大会负责并报告，并要按月进行审计的基本指导思想和组织原则。

对于工会的经济监督，刘少奇同志指出，“工会账目应经代表会或经济审查委员会查算，并须有各种收条凭条为据”。“工会账目须按月公布，在工会内张贴，或印刷分发各支部及会员，并报告总工会存案，以昭信守”，“决算是工会已经用过了钱所记的账目，决算须经审查后公布，并报告总工会”。在这里不仅提出要有工会经济审查委员会的监督，而且明确提出了向会员公布，对公布的形式也作出了相应的规定。

对违反工会财务纪律和经济犯罪的惩处，刘少奇同志提出，“工会不得有勒索及敲诈等行为”，“工会不得在平时派遣纠察向会员收会费”，“工会会员及职员如有勒索敲诈等情，按情节之轻重，拿送法院，依法惩办，判处徒刑”，“工会职员或会员，私人秘密接受雇主或外面人之津贴及运动费为受贿，行贿受贿者，可送法庭依法惩戒”，“以少报多，从中舞弊，挪用公款，卷款潜逃者为侵吞拐骗。工会职员及会员如有以上情况发生，除勒缴欠款外，送法庭依法惩办”，“工会职员及会员如有勒索敲诈受贿及侵吞拐骗等情，除撤销职务，开除会籍，送法庭惩办外，并在总工会备案，通告武汉及全国各工会，永远不得为工会会员及职员”。

刘少奇同志的《工会经济问题》从理论和实践上为工会的经济监督工作奠定了坚实的基础，对工会经费审查监督的组织建设、制度建设和机制建设都具有重要的指导意义。

二是《工会工作大纲》。1932 年刘少奇同志进入中央苏区，担任全国总工会苏区中央执行局委员长。1938 年 2 月 18 日，刘少奇同志为开展职工运动拟定了《工会工作大纲》，其中明确提出，“工会的经费是一个很重要的问题，一方面工会要有充分的经费才能主办对工人有益的许多事情，同时经费的收集、集中和开销，又必须有慎重的适当的方法”，“工会的经费应以集中分配为原则，即下级工会收入的会费应交给上级工会或向上级工会报告预算与账目，上级工会应该批准、审查与补助（在下级工会经费不足时）下级工会的经费”，“工会的账目应经常公布，应经常由工人组织经费审查委员会来审查，对于贪污的办事人员应该给以严格的处罚”。这是我们党在苏区建立红色政权后颁布的工会工作的纲领性文件，其中首次提出的“工会经费审查委员会”这一组织名称，我们沿用至今。

第二节　新中国成立后至党的十八大前的工会经审工作

新中国成立以后，随着工人阶级地位的根本改变，大规模社会主义经济建设的开展，整个工会工作轰轰烈烈、朝气蓬勃，迎来了工会事业兴旺发达的好时期。工会经审工作从构建框架到整体推进，打下了坚实的基础，取得了显著的成效。

1950 年 6 月 28 日，中央人民政府委员会第八次会议通过《工会法》。《工会法》颁布不到两个月，全国总工会就于 1950 年 8 月 4 日颁布了《关于各级工会经费审查委员会组织暂行条例》（以下简称《条例》）。《条例》对工会经审会的性质、产生办法、与工会代表大会以及工会委员会的关系作出了规定。《条例》规定，各级工会召开的全体会员大会或代表大会，在选举各级工会委员会的同时，应选举各级经费审查委员会；经费审查委员会应直接向全体会员大会或代表大会及上级工会委员会负责并按时报告工作；工会委员会必须执行经费审查委员会决议与建议，如对经费审查委员会之决议与建议有异议时，得提交上级工会委员会解决之。在 1953 年中国工会第七次全国代表大会通过的《中国工会章程》中，《条例》的规定又进一步得到了确认。

1956 年 1 月 4 日，全国总工会第七届执行委员会主席团第九次会议正式通过并颁布了《工会各级组织经费审查委员会组织通则》（以下简称《通则》）。《通则》首先明确了工会经审会的组织性质，规定："经费审查委员会是代表会员群众对同级工会委员会所掌管的各项经费的收支进行监督和审查的组织。"《通则》还对工会经审会的领导体制作了规定，经费审查委员会在直属上级工会委员会领导下进行工作；经费审查委员会主席（或指定委员）有权参加同级工会的常务委员会、执行委员会及其他有关的会议，并有发言权；经费审查委员会不但监督和审查工会各项经费的收支，同时也要督促和协助工会组织加强财务工作的领导；工会委员会应认真研究执行经费审查委员会的建议和决议，如有不同意见时，应该在一星期内交经费审查委员会并报告上级工会委员会。《通则》对上级工会经审会与下级工会经审会的关系是这样规定的：上级经费审查委员会对下级经费审查委员会有业务指导关系；在工作需要时，可到同级工会所属的下级工会委员会或经费审查委员会了解有关的工作情况。《通则》对工会经审会的工作任务和职责范围也作出了规定。一是要认真监督和审查工会各项经费的收支，督促和协助工会组织贯彻党、政府和上级工会关于工会财务工作的政策、法令、决议和规定，反对贪污、浪费等违反财务制度、财务纪律的行为，保证工会财务工作为生产服务、为群众服务、为整个工会建设服务。二是要审查工会各项经费（包括会员缴纳的会费，行政方面或资方拨缴的工会经费，劳动保险基金，工会举办的各种文化、体育事业的收入等）预算的编造和执行是否正确合理，财产购置、保管是否妥善，收支凭证、账簿记载是否正确及时，现金保管是否恰当等。三是要审查同级工会委员会及其不成立经费审查组织的附属单位（如休养所、疗养院、托儿所、文化宫、俱乐部、干部学校及工会派出的办事机关等）的财务工作。四是要审查同级工会委员会定期向会员群众公布的账目，以及会员大会或代表大会关于财务工作的决议和经费审查委员会的建议及决议的执行情况。《通则》的颁布实施，进一步推动了全国经审工作的发展。

工会经审工作也经历过艰难曲折。在“左”的思想影响下，1958 年后一度刮起“工会消亡”风，整个工会工作受到极大削弱，全国总工会经审会及其办公室一度停止工作。1966 年开始了“文化大革命”，整个工会事业遭受了重大损失，工会经审工作也被迫中断。

1976 年粉碎了“四人帮”，结束了“文化大革命”。在党中央的关怀和全国广大职工的期盼下，1978 年 10 月召开了中国工会第九次全国代表大会。在致辞中，邓小平同志指出，工会再不是有些人所认为的那种可有可无的组织了。中国工会九大的召开，标志着工会工作得到了全面恢复，工会经审工作也随之走上正轨。此后，全国总工会相继制定或重新修订了《中华全国总工会基层工会经费审查委员会暂行工作条例》、《工会各级经费审查委员会组织通则》、《关于全国总工会本级经费审查监督工作的若干规定》等一系列文件，大力推进工会经审组织建设、制度建设和业务建设，工会经审工作从此进入了一个崭新的发展时期。

1992 年 10 月，党的十四大提出了建立社会主义市场经济体制的宏伟目标，中国进入了深化改革、扩大开放、促进发展的新阶段。随着工会工作持续向前推进，工会的经济活动要接受经审会审查监督的原则也得以确立。2002 年 10 月，全国总工会印发了《关于加强工会经费审查监督工作的意见》。各级工会高度重视经审工作，把工会经审工作摆上了重要议事日程，自觉地把工会经审工作放到全局中去认识、去部署，努力做到思想上重视、组织上加强、制度上保证、经费上落实、工作上支持。各级工会领导班子支持经审组织依法履行职责，自觉接受经审组织的监督，认真听取经审组织的工作汇报、审查审计情况汇报和对工会经费、资产监督管理及经济活动事项的意见，重视审查审计中发现的问题并责成有关单位认真进行整改，帮助解决经审组织自身难以解决的困难和问题。2005 年 3 月，全国总工会印发《省级工会经费审查工作规范化建设标准》和《关于省级工会经费审查工作规范化建设标准的说明》，各省、市（地）工会也制定了相应的实施办法、考核细则及加强经审工作的制度和意见，提升了工会经审工作整体水平。2011 年 4 月 8 日，全国总工会颁布《中国工会审计条例》，在规范工会审计行为、提升工会审计质量、提高工会经费使用效益、维护工会资产安全完整、推进工会党风廉政建设等方面发挥了重要作用。各级工会认真执行全国总工会制定的各项审查审计制度，并结合自身实际制定了相关的实施办法或细则。经过多年的努力，工会经审制度已逐步配套。

第三节　中国特色社会主义新时代的工会经审工作

党的十八大以来，以习近平同志为核心的党中央高度重视审计工作，着眼党和国家事业全局，对加强党对审计工作的集中统一领导、完善审计制度、改革审计管理体制、加强审计队伍建设等作出一系列重大决策部署。特别是党的十九大以来，党中央决定改革审计管理体制，组建了中央审计委员会，优化审计署职责，着力加强党对审计工作的领导，构建集中统一、全面覆盖、权威高效的审计监督体系，为审计工作发展提供了根本保证。2018 年中央审计委员会成立后，习近平总书记多次主持召开重要会议，对审计工作作出了一系列重要指示，亲自谋划、亲自部署审计领域重大工作，极大推动了审计事业发展。党的二十大强调深化工会、共青团、妇联等群团组织改革和建设，有效发挥桥梁纽带作用。围绕新时代新任务新要求，各级工会经审组织坚持以习近平新时代中国特色社会主义思想为指导，认真贯彻落实习近平总书记关于工人阶级和工会工作的重要论述以及关于审计工作的重要讲话和重要指示批示精神，依法全面履行审查审计监督职责，着力构建工会常态化经审监督体系，扎实推进审查审计全覆盖，培养造就高素质专业化工会经审干部队伍，推动新时代工会经审工作高质量发展，为中心工作助力、为全局工作添彩。

一、坚持党对工会经审工作的领导

坚持党对工会经审工作的集中统一领导，牢牢把握工会经审工作的正确政治方向。全国总工会党组、书记处及各级工会领导班子把工会经审工作纳入工会整体工作格局中同部署、同推进，在组织建设、人员配备、经费保障等方面给予积极支持，为工会经审工作创造了良好环境。党对工会经审工作领导的体制机制不断完善，建立了经审会向同级工会党组织报告经审工作机制，审计计划、审计报告、审计整改、问题移送等重大事项及时向同级工会党组织报告，坚持把党的领导落实到工会经审工作全过程。

二、健全工会经审组织体系和制度体系

各级工会适应加强工会经审工作的需要，采取切实措施，建立健全经审组织及其工作机构，配备具有专业素质的经审组织负责人和经审干部，积极整合监督力量，初步形成了以国家审计为指导、以工会经审组织为主体、以社会审计为补充、以职工会员监督为基础的工会常态化经审监督体系。截至 2022 年 9 月底，全国县以上工会建立经费审查委员会 3255 个、经费审查委员会办公室 2622 个，配备专职工会经审干部 2861 人、兼职工会经审干部 3814 人，同时基层工会经审会组建工作也有了新发展，形成了自上而下的工会经审监督组织体系。

与此同时，为依法实施审查审计，全国总工会经审会制定下发了关于工会预算审查监督、工会年度经费预算执行情况审计、对下级工会审计、工会企事业单位财务收支审计、工会专项资金审计等的制度办法，修订出台《工会建设项目审计办法》，推动工会建设项目审计向投资审计转型；制定《审计事项移交工作制度（试行）》，将审计中发现的一些带有苗头性倾向性的问题和风险隐患及时移交相关职能部门，促进问题解决；研究制定工会审计整改长效机制和工会审计整改办法，做好审计整改“下半篇文章”；制定《帮扶资金、送温暖资金专

项审计实务指南》、《劳模待遇与劳模资金专项审计实务指南》，不断完善审计实务指南体系；建立健全审前调研、审计任务清单、审计会商、审计报告三级复核、重大审计事项请示报告等审计工作机制，着力完善审计项目全流程管理机制。2023 年 3 月，全国总工会修订印发《中国工会审计条例》，重点围绕加强党对工会审计工作的领导、健全常态化审计工作报告机制、加强工会审计队伍建设、完善审计监督职责、优化审计监督权限、强化审计查出问题整改、加强工作保障和责任追究等方面进行了修订完善，为工会经审组织依法全面履职、更好发挥作用提供了坚实的制度保障。

三、转换工会经审工作理念思路

为适应新时代工会经审工作的新任务新要求，一是持续深化工会预决算审查审计工作。推动审查监督重点向支出预算和政策拓展，完善以审计为基础的预决算审查制度；健全工会资产审查审计监督制度，拓展工会资产审查内容，推动建立工会资本经营预算制度。深化全国总工会本级预算执行情况审计，紧跟资金流、业务流，围绕工会政策措施贯彻落实情况进行了延伸审查。将全国总工会本级预算编制情况纳入本级审计范围，提出了建立工会财政事权与支出责任划分机制、推进项目支出标准体系建设、完善转移支付工作机制等意见建议。对全国总工会本级工会资本经营情况开展了审计。对全国总工会本级经费收支预算调整方案进行了预审。为全国总工会经审会及常务委员会（以下简称“常委会”）开展会议审查以及科学决策提供了参考依据。二是围绕工会政策措施落实情况统筹开展审计监督。把助力工会政策措施的贯彻落实作为首要工作，对货币资金存放管理、小微企业工会经费返还、规范建会筹备金收缴管理、帮扶资金、劳模专项补助资金、全过程预算绩效管理、结余资金管理、“三重一大”集体决策制度、集中采购等政策规定的贯彻落实情况开展跟踪审计，重点关注政策目标的实现、内部控制、政策效果、遵守财经法纪情况，及时发现政策执行中的各类问题，深入查找难点堵点，积极提出改进工作的意见建议，推动工会政策措施落地见效。三是构建以防范化解风险隐患、完善内部控制、提高资金使用效益为重点的新时代工会经审体系。加快推进审计监督转型升级，从传统的以查错纠弊为主的财务导向审计，全面转向以防范化解风险隐患、完善内部控制、提高资金使用效益为重点的新时代工会经审体系；从重点关注事后审计评价，全面转向事前提示预警。四是着力发挥经审建设性作用。坚持把“揭示问题、提示风险、促进改进工作”作为工会经审工作的出发点和落脚点，注重把揭示微观问题与服务宏观决策结合起来，深入分析问题背后的体制性障碍、机制性缺陷和制度性漏洞，提出有针对性和可操作性的意见建议。

四、构建全国工会经审工作“一盘棋”

全国总工会经审会通过制度、检查、考核、培训等手段加强对全国工会经审工作的领导，促进经审工作形成合力，提升经审工作整体水平。一是牢固树立全国工会经审工作“一盘棋”意识。推进审计项目和审计组织方式“两统筹”，统筹开展政策跟踪审计、预算执行审计、财务收支审计、经济责任审计、专项审计和工会建设项目审计等工作；统筹各层级审计资源，采取交叉审计、延伸审计、专项审计等多种组织方式加大对财政专项资金、工会专项资金的审计监督力度，实现全过程、全链条监督。二是深化对省级工会经审工作规范化建设考核工作。2021 年 6 月，修订下发《全总经审会关于印发〈省级工会经费审查工作规范化建设考核办法〉和〈省级工会经费审查工作规范化建设考核标准〉的通知》，强化质量意识和工作创新要求，把规范化建设考核打造为精品项目，提高考核的针对性和实效性。三是开展工会优秀审计项目评选。优化优秀审计项目评选标准，引导工会经审组织围绕工会政策措施贯彻落实、防范化解风险隐患、完善内部控制和提高资金使用效益等方面扎实履行经审监督职责。四是强化工会经审干部培训。持续加强审计职业精神和专业能力建设，举办全国工会经审干部培训班、全国工会审计专业人员研修班，重点培养能查能说能写本领，打造忠诚干净担当的高素质专业化工会经审干部队伍。五是编印《工会经审工作》信息，加强政策研究和业务交流。

思考题：

1. 怎样从工会经审工作的历史发展中认识经审工作的继承与创新？

2. 当前工会经审工作有哪些特点？

第三章　工会经费审查监督组织机构

工会经费审查监督的组织机构，是指各级工会经审会及其办公室。了解工会经审会及其办公室的性质任务，规范其组建工作，明确和落实经审监督组织的权利义务，理顺其与相关经济管理组织机构的关系，是有效开展工会经审工作，充分发挥工会经审组织作用的基础保证和重要条件。

第一节　工会经审会

工会经费审查监督组织体系由从全国总工会到企事业单位的各级工会经审组织机构组成，担负着代表会员群众对工会经费收支和资产管理情况进行监督的重要任务。

一、工会经审会的性质

工会经审会是代表会员群众对工会经费收支和资产管理情况进行审查审计监督的组织。广泛的代表性、相对的独立性和监督的权威性是它的基本属性。

（一）工会经审会的代表性

各级工会经审会及其委员是由同级会员大会或会员代表大会民主选举产生的。这些委员来自同级工会和下级工会，有群众基础，能够代表不同层面的工会组织和不同方面的会员群众。他们参与经审监督，体现了经审监督组织很强的代表性。

（二）工会经审会的独立性

工会经审会是相对独立的监督组织，不参与工会的经济活动，与被监督对象没有经济利害关系，不受个人或外界因素约束、影响和干扰，依法独立开展审查审计等经济监督活动。

（三）工会经审会的权威性

工会经审会是法定的监督组织，由会员大会或会员代表大会授权，对同级工会组织及其所属企事业单位的经费收支和资产管理情况进行审查审计监督。它与工会组织和工会企事业及其经营管理者是监督与被监督关系，有权监督工会的各项经济活动，发现和揭示被监督对象的问题，提出审查意见、建议或作出审计结论和审计决定，对被监督的单位和个人具有很强的约束力。

二、工会经审会的组成

工会经审会的组成，要严格依照有关法规、规章和制度规定，与同级工会委员会组建同步。要坚持经审会产生的民主程序，优化经审会委员的整体结构，保证经审会委员的素质。

（一）工会经审会组建的法律依据

《工会法》第四十五条规定："各级工会建立经费审查委员会。"《中国工会章程》第十三条规定："各级工会代表大会选举产生同级经费审查委员会。"《中国工会审计条例》第十条规定："经审会应当与同级工会委员会同时考察、同时报批、同时选举产生。"这就是说，哪里组建工会组织，哪里有工会经费预算管理活动，哪里就需要建立工会经审会。从全国总工会到各级地方、产业工会再到基层工会，包括乡镇（街道）和村（社区）工会，经济开发区、工业园区、高新技术园区和非公有制企业等新建工会，都要在依法召开会员大会或会员代表大会，选举产生工会委员会的同时，选举产生工会经审会。

（二）工会经审会委员的组成

工会经审会是由全体委员组成的群体，委员结构的科学合理，有利于经审会整体效能的充分发挥。

1. 工会经审会委员的人数。

各级工会经审会委员的人数，应当根据自身所担负的职责而确定。按照《中国工会审计条例》第十二条规定，县级以上工会经审会委员人数不少于同级工会委员会委员人数的20%，最低不少于5人；基层工会经审会委员人数一般3至11人。

2. 工会经审会委员的选择。

工会经审会委员的选择要有代表性，兼顾各方，一般应由本级、下级工会的人员组成。基层工会经审会委员应有会员代表参加。各级工会的主席、分管财务和资产的副主席、工会财务人员和资产管理人员，因对工会财务、资产负领导责任或具体管钱管物，不得担任同级工会经审会委员。

3. 工会经审会委员的专业结构。

为适应工会经审工作专业性强的特点，专业人员在工会经审会委员中所占的比重要大。依照《中国工会审计条例》第十二条规定，工会经审会委员中具有审计、财会专业知识的人员不少于三分之二。

4. 工会经审会委员的年龄结构。

工会经审会委员的年龄构成要体现老中青相结合的原则，形成合理的年龄梯次，实现不同年龄段人员的有机组合。这有利于委员间的优势互补，更好地形成工作合力，保证新老交替良性有序。

（三）工会经审会产生的民主程序

工会经审会的产生要严格执行有关组织制度，履行法定的民主程序。各级工会经审会委员和主任、副主任候选人，应由同级党组织和上级工会在充分听取各方面意见的基础上协商提名。其中，经审会委员由会员大会或会员代表大会选举产生；经审会主任、副主任由工会经审会全委会会议选举产生。工会经审会及其主任、副主任的选举结果，应按照干部管理权限报上级工会和同级党组织审批。上级工会和同级党组织应在一个月内给予批复。

工会经审会的任期与同级工会委员会的任期相同。其中，全国总工会和各级地方总工会、产业工会经审会每届任期五年；基层工会经审会每届任期三至五年。

（四）工会经审会主任的配备条件

为加强工会经审会的领导力量，保证经审会独立负责地履行监督职能，各级工会经审会主任要按同级工会副职级配备，纳入同级工会领导干部序列。地（市）级以上工会经审会主任应当专职配备。工会经审会主任的任免，应当事先书面征求上一级工会的意见。

（五）工会经审会委员的基本素质

为适应新时代工会经审工作的需要，工会经审会委员要具备如下基本素质。

1. 较高的政治素质。

政治立场坚定，自觉学习践行马克思列宁主义、毛泽东思想、邓小平理论、“三个代表”重要思想、科学发展观和习近平新时代中国特色社会主义思想，坚持走中国特色社会主义工会发展道路，有对工运事业、工会工作和会员群众高度负责的政治责任感和改革创新精神。

2. 良好的职业道德。

认真履行工会经审会委员职责，实事求是、客观公正、坚持原则、秉公办事、不徇私情、作风严谨、廉洁自律，遵守职业纪律，保守商业秘密，树立良好的工会经审干部形象。

3. 较强的业务素质。

业务能力强，具有相关专业知识，熟悉有关财经政策、法规和制度，了解掌握财务和审计专业知识与经审工作技能，有较强的议事能力和业务能力，善于在审查审计监督中发现问题，提出意见建议，帮助解决问题。

（六）工会经审会委员替补制

实行工会经审会委员替补制，是经审会重要的组织制度，有利于保持经审会委员组成的合理性和经审会工作的连续性，更好地发挥经审会委员参与审查监督和决定重要事项的作用。

依照《中国工会章程》和《中国工会审计条例》规定，全国总工会经审会委员实行替补制。各级地方总工会、独立管理经费的产业工会和机关工会联合会经审会委员也可以实行替补制。

县以上工会经审会委员替补制的基本程序是：经本级地方、产业工会代表大会选举产生的工会经审会委员，由于工作和职务变动或其他原因，需要调整其委员职务时，由原提名的工会组织提出免去其委员职务的建议并提出相应的替补人选，在同级工会全委会上履行替补程序。

（七）工会经审会的例会制度

各级工会经审会一般每年至少应召开两次全委会会议，有超过半数的委员出席方可开会。会议的主要议题：一是讨论通过工会经审会向同级工会全委会的年度工作报告；二是审查本级工会年度经费预决算情况。有三分之一的经审会委员提议或者经审会常委会认为有必要时，可以临时召开经审会全委会会议。工会经审会全委会会议由经审会主任主持。

三、工会经审会的任务

各级工会经审会主要承担下列任务。

1. 审查同级工会经费预算、预算执行情况和资产管理情况，保证预算编制全面科学合理、预算执行真实合规，符合工会工作需要，促进资产保值增值。

2. 领导对同级和下一级工会及其所属企事业单位财务收支、专项经费使用和资产管理的审查审计工作，包括审批审查审计计划、听取审计结果报告、审批审计制度等。

3. 讨论通过本级工会经审会的工作总结、工作安排，研究有关重要事项并作出决定。

4. 向同级会员大会或会员代表大会、工会全委会报告工会经审工作，请予审议。

5. 贯彻落实同级会员大会或会员代表大会决议、工会全委会的部署和上级工会经审会的要求，检查督促下级工会抓好落实。

6. 调查研究，总结经验，推广典型，完善制度，指导和推动工会经审工作上质量、上水平。

各级工会经审会所处的层面不同，面对的情况不同，工作的基础参差不齐，因而在确定工作任务时，应从实际出发，科学选择，合理布局，突出重点，注重工作实效。

四、工会经审会常委会

工会经审会闭会期间，代其行使职能的常务机构是工会经审会常委会。

《中国工会审计条例》第十四条规定：“全国总工会和省、自治区、直辖市总工会以及独立管理经费的全国产业工会经审会，应当设置常务委员会。”根据《中华全国总工会关于加强工会经费审查监督工作的意见》，经济发达、职工人数较多的省辖市总工会经审会视工作需要可设常委会。根据工作需要，各级工会经审会常委会设常务委员若干人，由同级工会经审会全委会会议选举产生。工会经审会常委会在同级工会经审会全委会会议闭会期间，负责贯彻执行同级工会经审会的决议，行使同级工会经审会的职权。

工会经审会常委会贯彻集体领导和民主集中制的原则。凡属工会经审工作的重大事项，都要由工会经审会常委会集体讨论，在充分听取和集中大家意见的基础上，作出决定。工会经审会常委会的主要职责和议事范围是：

1. 按照上级工会经审会的工作部署和指导性意见，研究确定本级工会经审会工作的指导思想、目标任务和具体安排；

2. 讨论通过本级工会经审会全委会会议的议案、议程、人事事项和提交本级工会经审会全委会会议审议的经审工作报告；

3. 讨论通过本级工会经费收支预算草案、预算调整和追加方案以及其他有关经费收支的重要事项；

4. 审查本级工会半年经费预算执行情况；

5. 讨论通过本级工会经审工作制度、办法和经审工作考核、表彰等重要事项。

五、上级工会经审会与下级工会经审会的关系

《中国工会审计条例》第十一条规定：“上级经审会对下级经审会进行业务指导和监督考核。”这就是说，上级工会经审会与下级工会经审会的关系主要是业务指导、督促检查和被指导、被检查的关系。

上级工会经审会对下级工会经审会业务指导的主要方式和内容是：

1. 制发规章制度和指导性文件，推动下级经审工作，特别

是重点工作的落实；

2. 召开工作会、经验交流会和座谈会等，总结工会经审工作，交流先进经验，作出工作部署；

3. 开展工会经审工作规范化建设活动，跟踪督察、考核评比、表彰先进；

4. 制定工会经审干部培训规划，有计划、分层次、多形式地举办培训班、研讨班，提高下级工会经审会人员的专业素质；

5. 组织工会经审工作理论研究和调查研究活动，交流运用研究成果，推动经审工作理论与实践创新等。

此外，上级工会经审会还应积极支持下级工会经审组织和人员依法履行职责，帮助他们化解矛盾、解决问题，改善工作环境。当下级工会经审会或经审人员的正常工作受到阻挠或正当权益受到侵犯时，上级工会经审会应当维护他们的权益。

第二节　工会经审会办公室

工会经审会办公室要本着精干、高效、与所承担的工作任务相适应的原则设立，列入同级工会机关机构编制序列，配齐配强干部，明确工作任务，充分发挥其日常的综合、协调、监督、指导和服务作用。

一、工会经审会办公室的性质

工会经审会办公室是经审会的工作机构，同时也是工会的内设机构。工会经审会日常大量的具体工作需要由经审会办公室来完成。经审会办公室不同于经审会，它具有四个重要属性。

（一）自觉接受所在单位党组织领导的属性

工会经审会办公室作为内设机构，应当在同级工会党组织、主要负责人的领导下开展内部审计，向其负责并报告工作。

（二）工会经审会办公室的常设性

工会经审会办公室是工会经审会长期设立的工作机构，有固定的名称、办公场所、专职人员及工作程序，能够在工会经审会闭会期间处理经审工作的日常事务。

（三）工会经审会办公室的专业性

工会经审会办公室是工会内部审计的专门工作机构，具体承担工会的内审任务，是一个专业性很强的职能部门。了解审计理论，熟悉有关政策、法规和制度，掌握实务审计的技术方法，这些是工会经审会办公室及其人员的专业优势和基本功。

（四）工会经审会办公室的服务性

工会经审会办公室的各项工作都离不开服务，即服务全会工作，服务经审会委员，服务下级组织，服务会员群众。这种服务主要通过日常综合、协调、指导经审工作，实施寓服务于审计监督和联系经审会委员及会员群众来实现。

二、工会经审会办公室的设置

工会经审会办公室的设置，要适应经审工作任务的需要。依据《中国工会审计条例》第十六条规定，全国总工会、各级地方总工会、独立管理经费的产业工会和机关工会联合会的经费审查委员会办公室，作为经审会的日常工作机构，承担工会经费审查审计监督工作。

工会经审会办公室的干部配备要体现精干、专职、专业的要求，应当由具有审计、财会及相关专业知识和业务能力的人员组成。各级工会经审会办公室主任、副主任应当列入同级工会机关部门正、副职级领导职位。

要建立健全县级工会经审会办公室。近些年来，随着县域经济的快速发展，县级工会经费总量不断增加，资产规模日益扩大，县级工会经审组织肩负的审查审计监督任务日趋繁重，迫切要求把县级工会经审会办公室尽快建立起来，以改变目前有些县级工会经审会无办事机构、工作任务难以落实的状况。按照《中华全国总工会关于加强县级工会经费审查审计监督工作的意见》要求，县级工会经审会下设办公室，本级年拨缴经费收入 200 万元以上的应独立设置工会经审会办公室。经费管理总量较多的县级工会，应配备专职经审干部。

要建立专兼职相结合的工会审计人员队伍。聘请具有审计、财会等专业资格和职业能力的人员为特邀审计员，参与实务审计，以解决工会专职审计人员不足的问题。

三、工会经审会办公室的任务

工会经审会办公室在同级工会经审会的领导下，担负下列任务。

1. 完成党组织交办的重点审计事项。

2. 提出本级工会经审会全委会会议议题的建议，承担经审会会议的筹备和组织工作。

3. 起草、整理、传递本级工会经审会的决议、决定、会议纪要和专题报告等文稿，检查贯彻落实情况。

4. 按审计程序实施工会各项内部审计工作，包括本级审计、下审一级及有经费拨缴关系的企业工会审计，提出审计报告、审计决定和有关意见。

5. 调查、收集和整理会员群众对工会经费收管用和资产管理方面的意见、要求和建议，反馈办理和采纳情况。

6. 指导下级工会经审工作，调研、检查、考核重点工作落实情况，总结推广先进典型经验。

7. 组织工会经审工作的理论研究，开展信息交流，培训工会经审人员。

8. 联系同级工会经审会委员，沟通情况，传递信息，提供服务。

9. 受理会员群众对工会有关问题的咨询、检举、揭发和专案调查工作。

10. 承办同级工会经审会交办的其他工作。

第三节　工会经费审查监督组织的权限与职责

一、工会经审组织的权限

工会经审组织的权限，主要包括以下三个方面。

（一）工会经审组织的审查审计监督权

工会经审组织的审查审计监督权是法律法规赋予的。《工会法》第四十五条规定："工会应当根据经费独立原则，建立预算、决算和经费审查监督制度。各级工会建立经费审查委员会。各级工会经费收支情况应当由同级工会经费审查委员会审查，并且定期向会员大会或者会员代表大会报告，接受监督。工会会员大会或者会员代表大会有权对经费使用情况提出意见。工会经费的使用应当依法接受国家的监督。"《中国工会章程》第十三条规定："经费审查委员会负责审查同级工会组织及其直属企业、事业单位的经费收支和资产管理情况，监督财经法纪的贯彻执行和工会经费的使用。"《中国工会审计条例》第三条规定："工会审计是指各级工会经费审查委员会在同级工会党组织领导下，依照法律法规和《中国工会章程》规定的职责、权限和程序，对工会财务收支、资产管理、内部控制、风险管理等全部经济活动实施独立、客观的监督、评价和建议的活动。"这就是说，根据法律法规赋予的权力，各级工会经审组织有权对同级工会组织的各项经费收支、资产管理情况及其所属企事业单位的财务收支、经营管理情况进行审查审计监督。

（二）工会经审组织的知情权

依据有关规定，工会经审组织对工会及其所属企事业单位的全部经济活动享有知情权。工会经审会有权出席或列席同级工会的有关会议，听取并了解工会各项经费收支情况、资产管理情况以及工会企事业单位经营管理的情况。有权调阅单位落实重大决策部署的有关资料，财务、会计资料以及与财务收支有关的业务、管理等资料，包括电子数据，进行调查取证。工会经审组织行使这些权限，都是为了摸清底数、知晓真情，更好地实行经审监督。

（三）工会经审组织的建议权

工会经审组织对加强内部控制，保障工会经费资产的安全完整效益享有建议权。各级工会经审组织有权参与同级工会经费与资产管理方面的决策和制度制定，提出意见建议；有权在审查审计的基础上，对工会经费收支和资产管理方面的问题提出纠正与整改的建议；有权建议对违反财经法纪的被审查审计单位和有关人员进行调查处理，对管理经费、资产成绩显著的单位与个人给予表彰。

工会审计是工会经审监督的主要手段。为充分发挥工会经审组织的审计监督作用，《中国工会审计条例》还赋予工会经审会7条权限。

1. 工会经审会有权要求被审计单位提供财务、会计资料以及与财务收支有关的业务、管理等资料，包括电子数据和有关文档。被审计单位不得拒绝、拖延、谎报。

被审计单位负责人应当对本单位提供资料的及时性、真实性和完整性负责，并作出书面承诺。

工会经审会对取得的资料进行综合分析，需要向被审计单位核实有关情况的，被审计单位应当予以配合。

2. 工会经审会进行审计时，有权检查被审计单位的财务、会计资料以及与财务收支有关的业务、管理等资料和资产，有权检查被审计单位信息系统的安全性、可靠性、经济性，被审计单位不得拒绝。

3. 工会经审会进行审计时，有权就审计事项的有关问题向有关单位、部门和个人进行调查和询问，并取得有关证明材料。有关单位、部门和个人应当配合、协助工会经审会工作，如实向工会经审会反映情况，提供有关证明材料。

4. 工会经审会进行审计时，经经审会主要负责人批准，有权对可能被转移、隐匿、篡改、毁弃的财务、会计资料以及与财务收支有关的业务、管理等资料，采取暂时封存的措施。

5. 工会经审会进行审计时，有权对正在进行的严重违法违规、严重损失浪费行为及时向单位主要负责人报告，经同意作出临时制止决定。

工会经审会有权提出纠正、处理违法违规行为的意见和改进管理、提高绩效的建议。

6. 工会经审会有权对审计结果以适当方式进行通报。

工会经审会有权对违法违规和造成损失浪费的被审计单位和人员，给予通报批评或者提出追究责任的建议。

工会经审会对严格遵守财经法纪、经济效益显著、贡献突出的被审计单位和个人，可以向单位党组织、主要负责人提出表彰建议。

7. 工会经审会对审计中发现的严重违法违规、严重损失浪费等问题，以及被审计单位经济运行中存在的重大风险隐患，有权向同级工会党组织、工会委员会和上一级工会经审会报告。

二、工会经审组织的职责

工会经审组织应履行下列职责。

1. 向同级工会会员大会或者会员代表大会负责并报告工作；大会闭会期间，向同级工会委员会负责并报告工作。上级工会经审会对下级工会经审会进行业务指导和监督考核。

工会经审会定期向同级工会党组织报告审计工作。

2. 负责审查同级工会组织及其直属企事业单位的经费收支和资产管理情况，监督财经法纪的贯彻执行和工会经费的使用。上级工会经审会应对下一级工会及其直属企事业单位的经费收支和资产管理情况进行审查。

3. 对本级工会及其所属企事业单位和下一级工会的下列事项进行审计。

（1）贯彻落实党和国家相关重大经济社会政策措施以及全国总工会决策部署情况；

（2）与经济活动有关的发展规划、战略决策、重大措施以及年度业务计划执行情况；

（3）经费预算编制和调整、预算执行、决算草案以及其他财务收支情况；

（4）经费计提和拨缴情况；

（5）专项资金物资的筹措、拨付、管理和使用情况；

（6）资产的管理、使用和处置情况；

（7）本级工会及其所属企事业单位建设项目情况；

（8）本级工会及其所属企事业单位对外投资情况；

（9）内部控制及风险管理情况；

（10）经费使用效益和资产经营效益情况；

（11）撤并时的财务清算情况；

（12）工会管理和委托其他单位管理的社会捐赠资金、各类基金的收支情况；

（13）其他需要审计的有关事项。

以上事项，必要时可以进行延伸审计。

4. 对涉及本地区、本产业、本系统全局的重大项目，统一组织开展跨层级、跨区域审计或者专项审计。

5. 接受本级工会干部管理部门的书面委托，对本级工会内部管理的领导人员履行经济责任情况进行审计。

三、工会经审组织权限与职责的落实

落实工会经审组织的权限和职责，是工会经审组织履行职责、发挥作用的具体体现。在工作实践中，工会经审组织既要正确行使法定权限，又要自觉履行应尽职责。

（一）工会经审组织要正确行使法定的权限

行使工会经审组织的各项权限，要讲求科学的思维方式和工作方法，不能简单化，更不能搞形式主义。在实践中，要注重把握好以下几点。

1. 正确行使工会经审组织的法定权限，要以工会审查审计为基本载体。

凡是涉及工会经审组织权限的事项，都应在工会审查审计中落实。离开工会审查审计，工会经审组织的权限就会落空。各级工会经审组织要切实拓宽经审监督领域，使审查审计覆盖所有应被审的单位和项目，不留空白，为落实工会经审组织的各项权限提供必要的实践平台。在审查审计中，要关口前移，大胆工作，及时发现问题，剖析原因，提出解决问题的建议，充分发挥工会经审工作的预防功能、揭露功能和抵御功能，帮助被审计单位加强管理、健全制度、提高效益，增强“免疫力”，从而使落实工会经审组织权限的过程成为强化审查审计监督效能的过程。

2. 正确行使工会经审组织的法定权限，要严格运作程序。

按照《工会法》、《审计法》、《中国工会章程》、《中国工会审计条例》等法律法规和现行规章制度的规定，工会经审组织行使各项权限都有明确的程序要求。一般来说，行使审查建议权，要经过提前审计、会前审阅和会上审议等阶段；行使审计知情权，要经过提前告知、被审计单位准备和实际调查摸底等阶段；行使审计监督权，要经过审前调研、审计实施、审计报告等阶段。在这方面，不能有随意性，必须不折不扣地按程序运作。要加强审查审计全过程的质量控制，以保证工会经审组织法定权限的规范行使和监督作用的充分发挥。

3. 正确行使工会经审组织的法定权限，要力求破解工会经审工作的重点难点问题。

各级工会经审组织要把权限落实的重心放在对重点领域、重点资金、重点项目的审查审计监督上。围绕工会重大政策落实情况统筹开展审计监督，重点关注政策目标的实现以及内部控制、遵守财经法纪的情况，及时发现政策执行中的各类问题，深入查找难点堵点，积极提出改进工作的意见建议，推动工会重大决策部署落地见效。以防范化解风险隐患、完善内部控制、提高资金使用效益为审计重点，从重点关注事后审计评价，全面转向事前提示预警，揭示内部控制在设计与运行环节存在的主要缺陷，促进被审计单位不断提高工会经费使用效益。坚持把“揭示问题、提示风险、促进改进工作”作为工会经审工作的出发点和落脚点，注重把揭示微观问题与服务宏观决策结合起来，深入分析问题背后的体制性障碍、机制性缺陷和制度性漏洞，提出有针对性和可操作性的意见建议。

4. 正确行使工会经审组织的法定权限，要取得被监督单位的配合。

被审计单位作为审计法律关系中的一方，对审计监督的认知和态度如何，直接制约和影响着工会经审组织权限的落实与监督的实效。各级工会经审组织要重视并做好被审计单位的思想认识工作，引导其充分认识接受工会审计监督的必要性，明确自身应尽的职责，积极支持和配合工会经审组织把审计监督工作做好。主要包括：被审计单位要为工会审计提供必要的工作条件；提供与审计有关的资料数据；接受审计人员对有关资料、资产的检查和相关调查；如实反映与调查事项有关的情况和提供证明材料；执行审计决定；等等。与此同时，工会经审组织也要尊重和维护被审计单位的法定权限，即《审计法》规定的被审计单位具有的知情权、申请回避权、申辩陈述权、申请复议权等，这也是工会经审组织履行审计职责的题中应有之义。

（二）工会经审组织要切实履行应尽的职责

履行工会经审组织的职责，核心在于提高工会经审人员的素质和能力。这就要求各级工会经审人员务必做到以下几点。

1. 强化责任意识。

工会经审组织的职责，对每个工会经审人员而言，都意味着责任。对工会经审工作有无责任感，也是衡量工会经审人员合格与否的首要条件。因此，工会经审人员要自觉加强学习，提高学习能力，既要充分认识工会经审工作的重要性，又要明确自身担负的重要责任，增强做好本职工作的自觉性、主动性和信心。

2. 掌握业务技能。

具备与工会经审工作相适应的专业知识和业务能力，是对工会经审人员履行职责的基本要求。工会经审人员一定要跟上知识更新的脚步，认真学习有关法规制度和专业知识，深钻细研业务技能，努力做到法规熟、专业通、技能精。只有这样，才能客观公正、实事求是地对审查审计事项作出正确的判断和评价，才能经得起法规制度和历史的检验。

3. 勇于实践创新。

履行工会经审组织的职责，要求工会经审人员必须具有认真扎实的工作作风和锐意进取的创新精神。在实施审查审计监督中，工会经审人员要严格按规章制度办事，潜下心来，真抓实干，真正把问题查清查透，如实反映，提出切实可行的建议，便于整改。要顺应新形势、新任务、新要求，不断转变思想观念和行为模式，积极探索新时代工会经审工作的新思路、新方法，推动工会经审工作持续健康发展。

4. 培养协调能力。

履行工会经审组织的职责，不仅需要扎实的业务功底和政策水平，还需要协调处理好工会经审组织与各有关方面的关系。工会经审人员要善于做宣传解释和组织协调工作，使工会经审监督被外界所了解和认同，努力把各方面的力量吸引到关心、支持、帮助工会经审组织做好经审监督工作上来。

5. 严守职业纪律。

严格依法、正直坦诚、客观公正、勤勉尽责、保守秘密，这是对工会经审人员履行工会经审组织职责的法纪要求。工会经审人员要自觉遵守各项廉政规定，严守工作纪律，依法履职，在思想上筑起一道抵御腐朽思想文化和生活方式侵蚀的坚固防线，经得住嘲讽、顶得住诱惑、耐得住寂寞、管得住“小节”，以人格的力量取信于工会组织和职工群众。

各级工会经审组织要大力加强经审人员能力建设，通过思想教育、知识培训、工作锻炼、创先争优等手段，促进工会经审人员提高自身素质和能力，在落实工会经审组织权限与职责的具体实践中奋发有为、创造佳绩。

第四节　工会经费审查监督组织机构与相关经济管理监督机构的关系

发挥工会经审组织作用，涉及诸多方面的工作关系，有工会系统内部的关系，也有工会系统外部的关系。工会经审组织应树立良好的关系管理理念和意识，在确保独立性、客观性的前提下，正确处理好与相关各方的关系，为做好工会经审监督工作创造良好的内外部环境。

一、工会经审会与工会财务、资产监督管理部门的关系

根据《工会法》和《中国工会章程》相关规定，工会应当根据经费独立原则，建立预算、决算、资产监管和经费审查监督制度。工会经审工作和财务工作、资产工作都是工会整体工作的重要组成部分，三者既有区别、又有联系，相辅相成、有机统一，通过履行各自职责任务，共同保障工会经费与资产的安全、完整和效益，共同促进工会经济活动的规范运作，为工会工作高质量发展提供坚实保障。

工会经审工作是工会经审会对工会经费收支、资产管理及相关经济活动依法进行审查的经济监督。工会经审会是由工会会员大会或会员代表大会选举产生的法定监督组织，依照《工会法》、《中国工会章程》和《中国工会审计条例》规定的职责、权限和程序，对工会经费收支、资产管理等全部经济活动的真实、合法和效益实施审查审计监督，实行“统一领导、分级管理、分级负责、下审一级”的经费审查监督体制。工会经审工作的主要任务包括：加强工会经费审查审计监督，协助同级工会收好、管好、用好工会经费，监督同级工会认真贯彻执行党和政府的财经法纪以及工会的各项财务规章制度；加强工

会资产审查审计监督，促进工会资产基础管理工作，健全资产管理制度，保障工会资产保值增值；加强对工会各项经济活动的审查审计监督，促进工会经济活动的规范运作。

工会财务工作包括财务管理和会计核算两方面内容。工会财务管理侧重于工会财务预测、财务决策，控制和参与工会内外部经济内容和经济关系的宏观调节，主要包括预算管理、收入管理、支出管理、经费收缴、经费开支范围和原则、资产管理、财务监督检查等。工会会计核算侧重于记录、反映和监督经济活动的过程及其成果，主要包括填制会计凭证、登记账簿、编制报表、财产清查等。工会财务工作的任务主要是收好、管好、用好工会经费。各级工会财务工作由财务部门归口管理，实行“统一领导、分级管理”的财务体制。工会财务监督是工会财务工作的重要职能之一。各级工会财务部门负责组织和实施对本级机关和所属单位及下一级工会财务活动的财务监督工作。工会财务监督的主要内容是：国家财经法律法规和全国总工会有关财务制度规定执行情况；工会经费计拨、收缴与票据使用管理情况；工会预算编制、审批与执行情况；财政拨款、上级补助资金使用管理情况；经费开支的真实性、合法性；会计基础工作情况；内部控制制度建设情况；工会会计报告编制情况；巡视、政府审计、经费审查审计、财务监督发现问题的整改情况；其他事项。

工会财务监督与工会经审监督的政策依据、评判标准、主要内容和目标是基本相同的。它们都是以国家、工会制定的有关法律法规制度为检查依据，以工会及所属企事业单位的财务收支情况、执行法律法规制度情况、预算目标实现情况为监督重点，对经济活动的真实性、合法性、效益性进行评价。监督的目的都是保障工会经费和资产的安全、完整和效益，促进工会经济活动的规范运作。同时，工会财务监督与工会经审监督的监督主体、监督程序、监督方法等又有所区别。工会财务监督的主体是各级工会财务部门，既可以采取事前、事中和事后监督相结合的方式开展日常监督，也可以针对特定事项、特定资金等开展专项监督，其形式相对灵活。工会经审监督的主体是各级工会经审会，其审查审计监督是法定职责，有较为明确的程序规定，更强调法定性、强制性、独立性和权威性，出具的审查意见、审计决定、审计报告等要求被审计单位严格落实整改。

工会资产工作是工会组织围绕工会资产形成、配置、使用、经营、管理、监督而开展的一系列工作，包括工会资产监督管理和工会企事业改革发展两方面任务。工会资产监督管理的主要任务包括对工会资产进行科学配置、合理使用、有效运营、规范处置、全面监督；建设好、管理好、使用好工会资产阵地；抓好本级企事业资产监督管理；等等。工会企事业改革发展的主要任务包括研究制定工会企事业改革发展战略和规划，指导工会企事业单位切实履行应尽职责；研究制定推进工会企事业改革发展的规章制度；疏通协调工会企事业改革发展政策；等等。各级工会资产工作由资产监督管理部门归口管理，实行“统一所有、分级监管、单位使用”的资产监管体制。

综上，工会财务、资产监督管理部门是同级工会开展财务、资产工作的职能部门，工会经审会则是代表会员群众对工会经费收支和资产管理情况进行民主监督和审计监督的组织。工会经审会通过履行审查审计监督职责，揭示工会经费收支、资产管理及相关经济活动中存在的问题，提出堵塞漏洞、健全制度、改善管理、提高效益的意见建议，为工会领导班子提供决策依据、当好参谋助手，充分发挥“审、帮、促”作用。在工会经审会开展审查审计工作时，工会财务、资产监督管理部门作为被审计单位相关职能部门，应当及时全面提供财务、会计资料，支持配合完成相关审查审计工作，落实审计整改意见。同时，工会经审会要与工会财务、资产监督管理部门建立并保持良好的关系，增强业务交流与互动，通过多种形式共享审计成果，形成联动机制。三者互相支持、互相配合、通力协作，为收好、管好、用好工会经费，维护财经法纪，保证工会经费的合理有效使用和工会资产的安全完整、保值增值而共同努力。

二、工会经审会与国家审计机关的关系

工会经审会是由工会会员大会或会员代表大会选举产生的法定监督组织。《工会法》第四十五条规定："工会应当根据经费独立原则，建立预算、决算和经费审查监督制度。各级工会建立经费审查委员会。各级工会经费收支情况应当由同级工会经费审查委员会审查，并且定期向会员大会或者会员代表大会报告，接受监督。"《中国工会章程》第十三条规定："各级工会代表大会选举产生同级经费审查委员会。""经费审查委员会负责审查同级工会组织及其直属企业、事业单位的经费收支和资产管理情况，监督财经法纪的贯彻执行和工会经费的使用，并接受上级工会经费审查委员会的指导和监督。工会经费审查委员会向同级会员大会或会员代表大会负责并报告工作；在大会闭会期间，向同级工会委员会负责并报告工作。上级经费审查委员会应当对下一级工会及其直属企业、事业单位的经费收支和资产管理情况进行审查。"《中国工会审计条例》第二条规定："工会坚持经费独立原则，依法建立对工会经费收支、资产管理等全部经济活动的审计监督制度。"工会经审会作为工会系统的内部监督组织，履行审查和审计两方面职责，这是工会经审会与其他社会组织的内部审计区别之处。

《工会法》第四十五条规定："工会经费的使用应当依法接受国家的监督。"国家的监督有巡视巡察、纪检监察监督、审

计监督、财政监督等多种形式，其中审计监督是一种重要的外部监督。《审计法》第二十四条规定：“审计机关对政府部门管理的和其他单位受政府委托管理的社会保险基金、全国社会保障基金、社会捐赠资金以及其他公共资金的财务收支，进行审计监督。”《国务院关于加强审计工作的意见》、《中共中央办公厅、国务院办公厅印发〈关于完善审计制度若干重大问题的框架意见〉及相关配套文件的通知》都明确提出，要对公共资金、国有资产、国有资源和领导干部履行经济责任情况实行审计全覆盖。

国家审计属于外部审计，具有较强的政治性、政策性和专业性，而且权威性高、独立性强，有条件、有能力查处单位内外部相关联的违法违规问题。工会审计作为工会系统内部审计，对工会的业务活动、内部控制和风险管理有更深入的了解，可以开展经常性的监督，帮助单位完善治理、提质增效。国家审计和工会审计既有区别又有联系，职能发挥各有侧重，国家审计的外部监督应当与工会审计的自我监督相结合，优势互补、形成合力，促进各自工作目标的实现，形成相互促进、共同发展的良好局面。

《审计法》第三十二条规定：“审计机关应当对被审计单位的内部审计工作进行业务指导和监督。”《审计署关于加强内部审计工作业务指导和监督的意见》明确要求各级审计机关“将对内部审计的业务指导和监督纳入年度工作内容，与审计业务工作同部署、同落实、同检查”。《中国工会审计条例》第九条规定：“工会审计应当接受国家审计机关的业务指导和监督。”正因为工会审计的范畴属于工会系统内部审计，是整个国家审计体系中的一个组成部分，所以必须依法接受国家审计的业务指导和监督。这不仅是法律法规的要求，也是工会经审会履行职责的需要。只有接受国家的监督，并在国家审计机关的指导下，用统一的审计标准和要求来规范工会审计工作，才有利于工会审计质量的提高和效能的发挥。

根据《审计署关于内部审计工作的规定》，审计机关在实施审计过程中，要将内部审计作为内部控制的一个重要组成部分加以调查了解；确定审计重点时，可以参考内部审计发现问题的线索。审计机关在审计中涉及国家机关、事业单位和国有企业三级以下单位时，可以在评估被审计单位内部审计工作质量的基础上，积极有效利用内部审计成果，对内部审计已经发现并纠正的问题不再在审计报告中反映。因此，各级工会经审会要增强与国家审计相协同的意识，在开展工会审计工作时，自觉与国家审计的目标任务相对接，关注国家审计重点关注的问题。例如，同步开展贯彻落实国家重大政策措施情况审计；加大对审计机关监督对象所属三级以下单位的审计监督广度和深度，努力消除审计盲区；督促本单位做好国家审计查出问题的整改落实工作，扩大国家审计的成效。工会审计与国家审计同频共振，依法有效加强专业沟通和合作，发挥各自优势，既有利于形成审计监督合力，也有利于提升审计质量、效率和效能。

三、工会经审会与社会审计中介机构的关系

《审计署关于内部审计工作的规定》第八条规定："内部审计机构应当根据工作需要，合理配备内部审计人员。除涉密事项外，可以根据内部审计工作需要向社会购买审计服务，并对采用的审计结果负责。"《中国工会审计条例》第十九条规定："经审会根据工作需要，可以委托具有相应资质的社会中介机构对有关事项进行审计。"工会经审会主要依靠自身的力量实施审计监督工作，遇有审计力量不足、相关专业受到限制等情形时，可以向社会中介机构购买审计服务。购买审计服务可以采取将

全部审计事项或部分内容委托给社会中介机构实施和聘用有关专业人员参加审计项目等方式。

工会审计可以通过购买社会审计服务，将业务外包给社会中介机构来解决人力资源不足的问题。随着内部审计越来越受到重视，工会经审组织承担的任务越来越重、要求越来越高。当前工会经审组织建设呈现倒三角分布，省级以上工会组织建设、机构设置和人员配备比较到位，地市级特别是县级以下工会经审组织机构虚化、人员配备不足，越往基层越薄弱。为解决这一问题，工会经审会就需要购买社会审计服务，实行业务外包。工会经审会要高度关注其中存在的审计质量风险，对社会中介机构及其人员进行工会政策法规、审计工作纪律、廉政纪律等相关制度的教育培训，明确工作任务及要求，对社会中介机构及其人员履行合同、提供服务质量的情况进行指导、监督、检查和评价。社会中介机构及其人员应当按照相关执业准则、审计准则及确定的审计目标实施审计，并对其审计结果和工作质量负责。

此外，工会审计可以发挥社会中介专业优势完成特定任务，实现优势互补。例如，工会经审组织委托社会中介机构参与工会预算执行情况审计、财务收支审计、领导干部经济责任审计等项目，社会中介机构侧重于对财务报表信息的确认工作，工会经审组织可以充分利用社会中介机构的成果，并发挥自身优势，把更多的精力放在对内部控制适当性和有效性以及对组织经营绩效、风险管理等方面的审计上，突出对国家重大经济政策措施和组织战略目标规划落实情况、领导干部经济责任履行情况等方面的审计。再如，工会审计人员中同时具备工程造价、施工监理、资源管理、信息技术等专业知识的复合型人才较少，在开展工会建设项目竣工结算复审、决算审计、全过程跟踪审计等业务时，往往需要购买社会审计服务来完成。

思考题:

1. 工会经审会组成的法律依据是什么?
2. 工会经审人员应当具备哪些素质和能力?
3. 发挥工会经审会办公室的作用有哪些基本要求?
4. 工会经审组织的权限和职责应该怎样落实?
5. 如何理顺工会经审组织与国家审计机关的关系?

第四章　工会经费审查

工会经费审查是工会经费审查委员会依照法律和《中国工会章程》规定的职责、权限和程序，对工会经费收支、资产管理等全部经济活动进行的审查监督。工会经费审查有利于推动预算安排和政策更好地贯彻落实党中央重大方针政策和决策的部署；有利于提高预算编制质量和预算执行规范化水平，实施全面规范、公开透明的预算制度；有利于加强对预算的全口径审查和全过程监管，更好地发挥工会经审监督在工会监督体系中的重要作用。工会经费审查严格依法、依规、依程序，建立以审计为基础的经费审查监督模式。

第一节　工会经费审查总体要求

工会经审会在开展经费审查监督工作中，要以习近平新时代中国特色社会主义思想为指导，坚持党的领导，以预算法、工会法等法律为依据，坚持正确监督、有效监督，加强对支出预算和政策的审查监督，提高针对性和有效性，推进依法治会、依法理财，保障党中央重大方针政策和决策部署的贯彻落实。

一、坚持党中央集中统一领导

旗帜鲜明讲政治，坚决维护习近平总书记党中央的核心、全党的核心地位，坚决维护党中央权威和集中统一领导，增强政治意识、大局意识、核心意识、看齐意识，在思想上政治上行动上同以习近平同志为核心的党中央保持高度一致，向党中央看齐，向党的理论和路线方针政策看齐，向党中央决策部署看齐，使预算和政策更好体现和落实党中央决策部署，保障党的路线方针政策在工会工作中得到全面贯彻和有效执行。

二、坚持围绕和服务工会工作大局

中国特色社会主义进入新时代，我国社会主要矛盾已经转化为人民日益增长的美好生活需要和不平衡不充分的发展之间的矛盾，要坚持稳中求进工作总基调，坚定不移贯彻落实新发展理念，主动适应经济发展新常态，坚持以推进工会改革、服务职工为主线，开展预算和政策审查监督工作，使预算和政策更好服务于工会中心工作，推动工会经济活动持续健康发展。

三、坚持依法开展审查监督

严格按照《预算法》、《工会法》等法律赋予的审查监督职权，通过法定程序，运用法定方式，提高审查监督的针对性和有效性。坚持监督与支持相统一，通过依法加强审查监督，推动工会依法治会、依法理财。

四、坚持问题导向

紧紧围绕贯彻落实党中央重大方针政策和决策部署，结合广大职工普遍关心的热点难点问题、审计查出的突出问题、制约工会事业发展的关键问题等，加强对相关预算和政策的审查监督，提出有效、可行的意见建议，着力推动解决突出矛盾，建立健全解决问题的长效机制。加强对预算绩效和政策目标落实情况的监督，建立健全预算绩效管理机制。

第二节　工会经费审查范围

《中国工会章程》第十三条规定："经费审查委员会负责审查同级工会组织及其直属企业、事业单位的经费收支和资产管理情况，监督财经法纪的贯彻执行和工会经费的使用"，"上级经费审查委员会应当对下一级工会及其直属企业、事业单位的经费收支和资产管理情况进行审查"。

因此，工会经费审查范围不仅包括同级工会组织及其直属企业、事业单位的经费收支和资产管理情况，也包括下级工会及其直属企业、事业单位的经费收支和资产管理情况。具体来讲，工会经审会主要对以下工会经济活动进行审查监督。

一、工会经费收支预决算情况

工会经审会对工会预算决算开展全口径审查和全过程监管，坚持党的领导，坚持围绕服务党和国家工作大局，坚持依法审查监督，聚焦重点，注重实效，保障国家方针政策和决策部署，保障工会重点工作贯彻落实。

工会经费收支预算审查，重点是审查预算的编制是否贯彻执行国家的法律法规、方针政策和工会的文件、规定；是否体现工会经费为维护职工合法权益，更好地为基层、为职工服务的使用方向；是否贯彻"收好、管好、用好"工会经费的方针；是否体现"遵循统筹兼顾、勤俭节约、量力而行、讲求绩效和收支平衡"的编制原则；预算收入的编制，是否与经济社会发展水平相适应，与财政政策相衔接，根据经济政策调整等因素科学预测，依法、真实、完整、合理地编制。预算支出的编制，是否坚持勤俭节约，体现工会工作特点，优化经费支出结构，把资金重点安排在维护职工权益、为职工服务和工会活动方面；

预算调整是否必要，是否按规定程序办理了调整追加手续；预算绩效目标设定是否科学，预算安排是否与绩效评价结果挂钩。

工会经费收支预算执行情况（决算）审查，主要是审查决算编报的真实性与合法性。检查收入、支出是否真实，财务收支活动中有无弄虚作假等违规、违纪行为和损害国家、职工利益的问题。要认真审查工会经费的计拨情况，该收的经费是否已经收上来，该上缴的经费是否已及时、足额、按比例上缴。此外，还要审查预算绩效目标实现及评价结果应用的情况。

二、工会所属企事业单位经济活动及其效益情况

工会兴办的企业、事业，经济业务广泛，经营项目繁多，情况比较复杂。因此，对工会企业、事业单位的审查，要根据其行业特点区别对待，既要注重社会效益，也要讲求经济效益。要把审查的重点放在工会企业、事业单位的重大政策落实、内控制度建设、风险防范和主要负责人履行经济责任情况等方面。目前，工会经审会对工会企业、事业单位的审查监督，主要是通过加强审计监督和定期听取工会资产等有关主管部门的情况汇报来实现的。

三、工会资产管理情况

工会资产是工会拥有或控制的能以货币计量的经济资源。它包括流动资产、投资和固定资产等。它是受国家法律保护，通过多种渠道形成的，由工会享有所有权或使用权的动产与不动产，是工会组织发展壮大的重要条件，是工会开展活动的物质基础，也是工会成为社团法人的前提条件。《工会法》第四十七条明确规定："工会的财产、经费和国家拨给工会使用的不动产，任何组织和个人不得侵占、挪用和任意调拨。"《民法典》第二百七十条规定："社会团体法人、捐助法人依法所有

的不动产和动产，受法律保护。”工会资产的重要性和法律依据非常明晰。目前，一些工会组织仍然存在“重收轻管、重钱轻物”的现象，工会资产监督管理机构不健全，资产管理比较薄弱。工会经审会在对工会资产进行审查时要着重注意以下五个方面：第一，工会资产监督管理机构是否健全，人员是否配备；第二，工会资产管理制度是否完善、有效；第三，涉及工会资产的重要项目和重大投资决策是否经集体决策程序通过；第四，工会资产管理部门是否定期向工会经审会报告上年度工会资产的监督管理情况；第五，有关工会资产的审查、审计意见是否已及时整改。

四、其他重要事项

（一）专项资金管理和使用

近年来，中央及地方各级财政，全国总工会、省级总工会及地方各级工会拨付的困难职工帮扶资金、送温暖资金、劳动模范资金等具有专门用途的资金越来越多。这些专项资金尤其是中央下拨的帮扶专项资金，充分体现了党和政府以及各级工会对困难职工的重视和关心，体现了以人为本的思想。各级工会经审会应采取多种形式，加大对各类专项资金的审查监督力度，确保专款专用。审查时要重点注意：专项资金管理和使用制度是否健全；专项资金的收付是否及时，是否专款专用；专项资金的发放是否实名制，手续是否齐全；专项资金是否存在转结余，转各类基金会，改变资金用途或跨年度使用的行为；困难职工帮扶中心（或职工服务中心）是否运转正常、管理有序；档案管理是否科学、规范。此外，各级工会经审会可以采取交叉互审等方式不断加强对专项资金管理和使用情况的监督。

（二）重大项目及其他事项

工会经审会在抓好日常审查监督的同时，应加大对经费投入多、风险较大的重大项目的审查监督。从以往的经验教训来看，这是风险点，是最容易出问题的地方。无论是从促进工会系统党风廉政建设的需要出发，还是从保护爱护工会干部的目的出发，工会经审会都应切实履行审查监督职责。建设项目尤其是重大建设项目，从决策、立项、招标、预算到竣工决算和验收，工会经审会应全过程跟踪审查、审计。必要时，可以专门召开工会经审会相关会议，听取同级工会有关主管部门负责人和分管领导的汇报并提出质询。

此外，国家和上级工会在全国范围或一定范围内开展检查、调查事项，如财务大检查、审计调查等，工会经审会应积极参与并完成。本单位有关部门或其他单位需要工会经审会帮助完成审查范围内有关事项的查证，工会经审会应予以积极配合。

第三节　工会经费审查事项

工会经审会对工会经济活动的审查监督可以细分为：工会经审会全委会会议审查、工会经审会常委会会议审查。由于工会经审会全委会和常委会的职责、权限和任务不尽相同，审核、调查或者核实、核查经济活动事项或情况的方法、方式和手段等各有不同。

一、工会经审会全委会会议审查事项

工会经审会全委会会议审查的事项主要包括工会经费收支预算情况、工会经费收支决算情况、工会资产监督管理情况等。

（一）工会经费收支预算情况

工会经费收支预算是经一定程序核定的工会经费年度收支计划，按管理层次可分为本级预算和单位预算。本级预算是指各级工会在本级范围内工会经费收支的总预算。单位预算是指

与本级预算有相关经费收支管理关系的工会机关、企事业单位的预算。因此，工会经审会全委会会议对工会经费收支预算的审查既包括本级预算，也包括单位预算，是对工会经费收支预算的编制、执行、结果实施的全过程监督。审查时，应先听取财务部门关于工会经费收支预算（草案）编制情况的报告。对工会经费收支预算的审查，应当按照真实、合法、效益的原则进行，严格执行《工会预算管理办法》，并遵守如下规定。

1. 工会预算编制的原则：统筹兼顾、勤俭节约、量力而行、讲求绩效和收支平衡。

2. 各级工会、各预算单位应当围绕党和国家工作大局，紧扣工会中心工作，参照国务院财政部门制定的政府收支分类科目、预算支出标准和预算绩效管理的规定，根据跨年度预算平衡的原则，参考上一年预算执行情况、存量资产情况和有关支出绩效评价结果，编制预算草案。

3. 预算收入的编制，要与经济社会发展水平相适应，与财政政策相衔接，根据经济政策调整等因素科学预测，依法、真实、完整、合理地编制。

4. 预算支出的编制，应体现党中央重大方针政策和决策部署要求，切实提高资金配置效率。应当贯彻勤俭节约的原则，优化经费支出结构，保障日常运行经费，从严控制“三公”经费和一般行政性支出，重点支持维护职工权益、为职工服务和工会活动等工会中心工作。

5. 转移支付预算，应重点审查转移支付与事权和支出责任划分的匹配情况；转移支付对促进实现各地区工会平衡及服务均等化情况；专项转移支付的整体绩效情况等。

6. 重点支出与重大投资项目预算，应审查重大项目支出绩效目标设定、实现及评价结果应用情况，保障党中央重大方针政策和决策部署确定的重点支出与重大投资项目。

（二）工会经费收支决算情况

工会经费收支决算是上年度工会经费收支预算的执行结果，是各项收支情况的综合反映。工会经审会全委会会议在审查时，应先听取本级工会财务部门关于工会经费收支决算（草案）编制情况的报告，了解上年度经费预算执行情况。同时，应听取经审会办公室关于上年度经费预算执行情况的审计报告。只有把两方面的情况结合起来进行审查分析，才能发现问题，提出建设性的意见和建议。

具体应把握以下两个方面。

1. 年度收入预算完成情况。

要着重分析拨缴经费收入预算完成情况，总结好的经验，予以肯定和推广；如预算执行情况不理想，应分析原因并向同级工会和财务部门提出意见和建议。

2. 年度支出预算完成情况。

在审查支出预算完成情况的同时，应重点审查支出结构是否合理，主要查看用于机关和对下支出比例是否合理。机关部分，应审查行政支出控制是否严格，“三公”经费、会议费、培训费等开支是否合规；对下支出部分，应重点检查工会经费是否主要用在开展职工活动、维权、送温暖和补助下级工会等方面。要特别注意审查专项资金的使用、管理情况，尤其是中央帮扶资金，不能擅自结余，跨年度使用，要严格实名制发放，确保专款专用。此外，还要审查预算支出绩效目标实现及评价结果应用情况。

（三）工会资产监督管理情况

如前所述，工会经费审查范围不仅包括同级工会组织及其所属企业、事业单位的经费收支和资产管理情况，还包括下级工会及其所属企业、事业单位的经费收支和资产管理情况。因此，工会经审会全委会会议对工会资产的审查不仅包括本级工会以办公楼为主体的行政性资产、以经营性和社会公益性为主体的工会企事业资产，还包括下一级工会资产监督管理情况。工会经审会全委会会议在审查前，应认真听取工会资产管理部门关于上年度工会资产监督管理情况的报告。对工会资产的审查不同于工会经费收支情况的审查，更多侧重于资产监督管理机构的健全，侧重于企业、事业单位的资产运营及经营绩效情况。

具体应注意以下三个方面。

1. 工会资产监督管理总体情况。尤其是体制、机制等长期困扰工会资产管理方面的问题。要审查工会资产监督管理机构的建立健全和人员配备情况。

2. 本级工会所属企事业单位资产运营和经营绩效情况。长期以来，工会系统企事业单位经营情况普遍不够理想，一方面有体制、机制方面的问题；另一方面与考核评价体系有关，企事业单位依靠本级工会补助过日子的现象比较普遍。因此，要重点审查对企事业单位经营绩效的考核评价体系是否建立健全，是否与所属各单位签订年度经营目标责任书。

3. 上年度审查意见整改情况。工会经审会每年审查都会提出意见和建议，为确保审查意见的整改落实，资产管理部门应在报告中回复上年度审查意见的整改情况。

（四）工会所属企事业单位的财务收支和资产管理情况

工会经审会全委会会议有权对工会所属企事业单位财务收支和资产管理情况进行审查，要把审查的重点放在工会企业、事业单位的重大政策落实、内控制度建设、风险防范和主要负责人履行经济责任情况等方面。工会经审会认为有必要询问的，可以通知主管部门或有关单位负责人到会说明情况，听取意见和建议。

（五）工会经审会全委会会议认为有必要审查的其他事项

工会经审会可以对工会的重大经济决策部署、重大经济事项、大额资金使用等其他事项开展会议审查。

二、工会经审会常委会会议审查事项

工会经审会常委会会议审查事项主要包括以下几点。

1. 对提交工会经审会全委会会议审查的经费收支预算、决算（草案）及财务、资产管理部门的报告和有关明细资料进行初步审查。对审查中发现的问题应及时反馈有关部门，并要求有关部门做好调整、说明的准备工作。

2. 上半年结束后，对工会经费收支预算执行和资产监督管理情况进行审查。工会有关领导和财务、资产管理部门负责人应到会听取意见和建议并回答工会经审会常委会提出的问题。财务、资产管理部门应该在下一次工会经审会全委会会议上回复审查意见整改情况。

3. 在工会经费收支预算执行过程中必须作部分调整，或者在预算之外追加项目时，应在调整或追加前提交工会经审会常委会会议审查，并将审查结果在下一次工会经审会全委会会议上通报。

4. 对工会重大项目及其他重要经济事项进行审查。工会经审会常委会会议有权对经费投入多、风险较大的项目单独进行审查。特别是重大投资决策、基本建设和维修改造工程项目，应从可行性研究、立项、招标、预算到竣工决算和验收全过程进行跟踪审查。必要时，工会经审会可以临时召开常委会会议，听取同级工会有关主管部门负责人和分管领导的汇报并提出质询。

5. 工会经审会常委会会议认为有必要审查的其他事项。

三、工会经审会办公室相关工作

1. 受工会经审会或工会经审会常委会委派，对提交工会经审会全委会会议审查的经费收支预算、决算（草案）及财务、资产管理部门的报告和有关明细资料进行初步审查，提出初步审查意见或建议供工会经审会或工会经审会常委会参考，同时，督促有关部门做好会前准备工作。

2. 受工会经审会常委会委派，对本级工会上半年经费收支预算执行情况和调整、追加预算进行会前审查，提出意见或建议供工会经审会常委会参考。

3. 受工会经审会或工会经审会常委会委派，对本级工会及其所属企事业单位和下一级工会及其所属企事业单位的经费收支、资产及经营管理等情况进行审计，并提交审计报告。

4. 受工会经审会或工会经审会常委会委派，对工会重大项目及其他重要经济活动事项进行跟踪审查，对审查中发现的问题及时进行反馈，同时督促有关单位或部门积极做好整改工作。

5. 受工会经审会或工会经审会常委会委派，审查其他有必要审查的事项。

第四节　工会经费审查原则

工会经费审查原则是指工会经审会在工会经费审查中应当遵循的一般原则，主要包括法定性原则、民主性原则、客观性原则、重要性原则和一致性原则。

一、法定性原则

法定性原则是指工会经审会的审查监督权是法律赋予的。不论是工会经审会的建立，还是工会经费审查监督活动的开展，一切以法律为依据。工会组织不仅经费独立，而且有独立的、系统的审查监督组织，这也是工会组织区别于其他所有社团组织的重要法律特征。

（一）工会经审会依法建立

《工会法》第四十五条规定："各级工会建立经费审查委员会。"《中国工会审计条例》第十条对此又进一步作了规定："经审会应当与同级工会委员会同时考察、同时报批、同时选举产生。"

（二）工会经费审查监督活动依法进行

《工会法》第四十五条还规定："工会应当根据经费独立原则，建立预算、决算和经费审查监督制度。"《中国工会章程》第十三条规定："经费审查委员会负责审查同级工会组织及其直属企业、事业单位的经费收支和资产管理情况，监督财经法纪的贯彻执行和工会经费的使用，并接受上级工会经费审查委员会的指导和监督"，"上级经费审查委员会应当对下一级工会及其直属企业、事业单位的经费收支和资产管理情况进行审查"。

二、民主性原则

民主性原则是指工会经费审查监督的代表性和会员的参与程度。《工会法》第十条明确规定："工会各级组织按照民主集中制原则建立。"《中国工会章程》第十三条规定："各级工会代表大会选举产生同级经费审查委员会。"因此，工会经审会从建立起就体现了它的民主性。同时，从目前我国各类社团组织内部对经济活动的监督情况来看，工会经审会对工会经济活动的审查监督独具特色和最具民主性。

（一）工会经审会的组成

各级工会经审会委员既非聘任，也非任命产生，而是通过法定的民主程序，由同级工会会员大会或会员代表大会选举产生。他们来自职工群众，由民主选举产生，具有广泛的代表性和群众基础。因此，工会经审会依法对工会经费和资产的审查监督代表会员群众的意志和利益，具有广泛的民主性。

（二）工会经费审查监督过程

工会经审会可以审查监督工会的全部经济活动。审查时全体委员共同参与，不受任何组织和个人的影响和约束，可以提出意见或建议，也可以就某一经济事项对工会及其所属有关单位或部门领导进行质询，各位委员独立行使自己的表决权，充分展示了审查过程的民主性。

（三）工会经费审查报告的对象

《中国工会章程》第十三条规定："工会经费审查委员会向同级会员大会或会员代表大会负责并报告工作；在大会闭会期间，向同级工会委员会负责并报告工作。"向一个由全体会员群众选举产生的代表大会和委员会负责并报告工作，这本身就是民主性的具体表现。

三、客观性原则

客观性原则是指工会经审会在工会经费审查时必须以被审查对象的经济业务和会计资料为依据，如实反映工会经费审查的实际情况和结果，确保审查信息的真实性、可靠性和完整性，即要求在审查时必须始终保持客观公正和实事求是的态度，不受其他因素的影响和制约。具体分为以下三个层面。

一是审查过程必须严格依法、依规、按照程序进行。

二是审查方法、手段必须科学、规范。

三是审查结果必须客观、公正。

四、重要性原则

重要性原则是指工会经审会在工会经费审查时必须抓主要矛盾，突出重点。所谓重要性主要有三个方面。

一是体现在资金性质上。例如，帮扶、送温暖、劳动模范活动等专项资金及各类募捐款和职工互助会的资金等，一旦发生问题，将产生不良社会影响，损害工会组织的形象，情节严重的将对整个工会组织产生破坏性影响。

二是体现在资金安全上。例如，现金、银行存款等货币资金，一旦内部控制等方面出现问题，将直接导致现金的损失。

三是体现在资金额度上。一些重大开支项目或重要投资决策，如基本建设项目等对工会影响较大的经济业务，审查监督到位可以节约资金，反之会带来较大的损失。

五、一致性原则

一致性原则是指工会经审会审查的方法和口径要前后期一致，不得随意变更，以确保各项数据和指标的口径一致和相互可比。通常相同的经济业务有多种方法可供选择，而一旦选择了某一种方法，就不得随意变更。

第五节　工会经费审查方式

工会经费审查方式是工会经审会或工会经审会常委会依照国家有关法律、法规、政策和各级工会及其经审会制定的关于工会经费审查监督的文件、规定，进行审查监督的活动形式。

工会经费审查方式主要有如下几种类型。

一、会议审查

会议审查，是指以召开会议的形式进行的审查，即工会经审会依照有关规定和程序召开全委会会议或常委会会议，听取汇报、就有关事项进行审议、发表意见或建议并作出相应的决议。

会议审查是工会经费审查的基本方式，上至全国总工会经审会下至基层工会经审会，都会以召开会议的形式对工会经费进行审查。工会经审会在对年度经费预算执行情况进行审查时，必须以审计为基础，应首先听取工会经审会办公室关于工会经费预算执行情况的审计报告，绝不能“以会代审”。

二、事前、事中和事后审查

1. 事前审查，是指在经济活动发生前进行的审查。如对工会经费年度收支预算（草案）、经营目标、经济合同、重大投资决策和重大建设项目的预算审查等。事前审查对于节约开支、降低成本，防止决策失误，保证未来经济活动的顺利实施具有积极作用，所以也可以称为防护性审查。

2. 事中审查，是指在经济活动发生过程中进行的审查。例如，年中对工会经费预算执行情况的审查、对重大投资和基本建设项目的跟踪审查等。通过这种审查，可以对发生的偏差及时进行纠正、调整，从而保证经济活动按预期目标有效进行。

3. 事后审查，是指在经济活动结束后进行的审查。例如，工会经费年度收支决算审查等。

三、全面、重点和专项审查

1. 全面审查，是指对所有被审查对象或某一被审查对象的全部经济活动和有关资料进行的审查。

全面审查的对象包括：工会本级及其所属企事业单位；下一级工会及其所属企事业单位。此外，审查对象既可以是单位，也可以是经济责任者。

全部经济活动即审查的客体，主要包括：经费预算的编制、追加调整和决算的编制，经费的“收、管、用”，资产变动，基本建设、重大项目投资决策和经济合同的签订，工会企事业单位的经营管理情况和工会其他附属机构的收支情况等。

2. 重点审查，是指根据掌握的情况和工作需要，有计划、有目的地将某项业务或某一问题列作重点开展的审查。在进行全面审查、局部审查、专题审查或日常工作过程中，如果发现了某一重要问题，而且查清这一问题对今后的工作至关重要，那么各级工会经审组织常常会将该类问题列作重点进行审查。

3. 专项审查，是指针对某项业务进行的专门审查。工会经审会为充分掌握和了解某一事项的实际情况，以便为科学决策提供依据，在规定时间和特定范围内开展的专项业务审查。

第六节　工会经费审查程序

工会经费审查程序是指工会经费审查过程中的工作步骤，是工会经费审查从开始到结束的全过程。如同法庭审查严格按法定程序所规定的步骤进行一样，工会经费审查也必须按规定的程序和步骤进行。只有建立科学的审查程序，才能使经费审查工作逐步走上制度化、规范化、科学化的轨道。

工会经费审查程序按主体不同可分为两种：一是工会经审会全委会会议审查程序；二是工会经审会常委会会议审查程序。

一、工会经审会全委会会议审查程序

如前所述，工会经审会全委会会议审查是指由工会经审会

召开全委会会议进行的审查，即通常所说的会议审查。

由于基层工会经审会在经费审查的规模、内容、方式和方法上都与县以上工会经审会有很大不同，因此，经费审查的程序也有所不同。

基层工会经审会全委会会议一般应在年初与工会全委会会议同时召开。因工作需要，有三分之一以上委员提议也可临时召开全委会会议。

县以上工会经审会召开全委会会议原则上每年两次，一般安排在第一季度和第四季度。根据《工会法》、《中国工会章程》和全国总工会经审会的有关规定，工会经审会必须定期向会员大会或者会员代表大会（大会闭幕期间向工会全委会）报告工作并接受监督。同时，有关人事及选举事项应由工会全委会会议审议、通过。因此，一般情况下工会经审会在年初或年底与工会委员会同时召开全委会会议。有三分之一以上委员提议或工会经审会常委会认为有必要，可以临时召开全委会会议。

各级工会经审会全委会会议均须三分之二以上的委员出席，方可举行。

（一）基层工会经审会全委会会议审查的主要程序

1. 根据国家和上级工会的规定、要求以及本单位的实际情况，制订对基层工会及其所属企业、事业单位进行审查的工作计划。

2. 基层工会经审会应提前将会议时间、有关议题和审查内容通知基层工会或被审查的所属企业、事业单位。基层工会或被审查的所属企业、事业单位应及时做好准备并提前将会议审议的书面材料送达工会经审会。

3. 基层工会及其所属企业、事业分管领导和财会人员应当到会说明，听取审议意见，接受质询。

4. 工会经费年度预算、预算追加调整及决算和重大投资决策等须由工会经审会全委会会议表决。表决议案应按民主集中制原则由全体委员的过半数通过。表决结果由主持人当场宣布。

5. 审查终结，应将审查结果、处理意见和改进工作的建议报告基层工会委员会。报送前，应征求被审查对象的意见。

6. 基层工会委员会应对建议报告及时研究处理，并将处理意见和执行情况向基层工会经审会通报。

7. 被审查对象对审查结果、处理意见或决定如有异议，可提请复议。如复议后有关审查结果、处理意见或决定仍维持不变，被审查对象必须执行。

8. 基层工会经审会与基层工会委员会在重大问题上意见不一致时，应同时报请上级工会委员会和上级工会经审会处理。

（二）县以上工会经审会全委会会议审查的主要程序

1. 准备阶段。

（1）召开工会经审会主任办公会议确定工会经审会全委会会议召开日期、将要审查的内容和会议议程。设有工会经审会常委会的省、自治区、直辖市和独立管理经费的全国产业工会及全国总工会，由工会经审会常委会会议确定。

工会经审会或经审会办公室应及时将召开全委会会议的通知送达工会经审会各位委员。

（2）工会经审会或经审会办公室应提前一周将全委会会议召开日期、将要审查的内容和会议议程通知同级工会主要领导、分管领导和有关部门，要求准备好提交会议审查的书面材料及相关明细资料。

（3）开展预算的初步审查工作。财务部门应当将预算草案初步方案提交工会经审会办公室，由工会经审会办公室对预算草案初步方案进行初步审查，并就有关重点问题开展专题审议，提出本级工会本年度预算（草案）的审计报告。

在会议召开前，财务等有关部门应将提交会议审查、审议的书面材料，包括工会经费年度收支预决算（草案）、资产监督管理情况报告、草案编制说明及相关明细资料等送达工会经审会或经审会办公室。

（4）工会经审会办公室应及时分发会议材料，各位委员在会议召开前应认真阅读材料，并做好发表审查、审议意见或建议的准备工作。

2. 审查、审议阶段。

（1）会议审查期间，本级工会财务、资产监督管理部门负责人和分管领导应到会作说明，听取审查、审议意见和建议，接受质询并回答委员们提出的有关问题。

（2）委员们听取本级工会财务部门负责人所作的关于上年度经费收支决算（草案）和本年度经费收支预算（草案）情况的说明。

（3）委员们听取本级工会资产监督管理部门对上年度工会资产监督管理和重大投资决策等情况的报告。

（4）委员们听取工会经审会办公室关于本级工会上年度经费预算执行情况的审计报告和关于本级工会本年度预算（草案）的审计报告。如果国家审计机关或上级工会对本级工会年度预算执行（或财务收支）情况进行了审计，会议应同时向委员们通报审计有关情况。

（5）委员们对本级工会上年度经费收支决算（草案）、本年度经费收支预算（草案）、上年度工会资产监督管理情况的报告和重大投资决策等进行审查、审议，发表意见或建议。

（6）工会领导班子认真听取工会经审会提出的意见和改进建议，责成财务等有关部门对审查事项中相关内容进行调整，并由本级工会分管领导向工会经审会全委会会议作出调整说明。

（7）工会经审会全委会会议对修改、调整后的预决算（草案）和重大投资决策等分别进行表决。表决议案应按民主集中制原则由全体委员过半数通过。表决结果由主持人当场宣布。

（8）需要工会经审会全委会会议审查、确定或通报的其他有关事项。

（9）工会经审会领导讲话。

3. 后续阶段。

（1）如有关部门对工会经审会的审查结论和决定不服，可书面申请复查。复查结论和决定经工会经审会和工会主要领导批准下达后必须执行。

（2）审查通过的经费收支决算（草案）和预算（草案），经工会经审会主任签字（盖章）生效，同时报上级工会经审会。

（3）会议结束后，工会经审会办公室应及时撰写工会经审会全委会会议纪要，经工会经审会主任签字后，印发至工会经审会全体委员、同级工会主要领导、财务等相关单位和部门。

（4）工会经审会办公室检查工会经审会决定和会议纪要的贯彻落实情况，及时督促有关单位和部门重视工会经审会全委会会议提出的审查意见和改进建议，积极做好整改工作。

二、工会经审会常委会会议审查程序

按照规定，全国总工会和省、自治区、直辖市总工会以及独立管理经费的全国产业工会经审会，应当设置常委会。经济发达、职工人数较多的省辖市总工会经审会视工作需要可设常委会。在工会经审会全委会会议闭会期间，由工会经审会常委会行使有关职权，对工会经审会全委会会议的召开作出决定，对工会经费收支预算执行情况进行审查、审议等。

工会经审会常委会会议由工会经审会主任召集并主持。一般每季度举行一次；必要时，可临时召开会议。

审查程序如下。

1. 工会经审会主任确定常委会会议召开日期，由工会经审会办公室及时发出会议通知。

2. 工会经审会主任提出常委会会议议程，由常委会全体委员审议通过。

3. 对提交工会经审会全委会会议审查的经费收支预算、决算（草案）包括明细资料和报告稿进行初步审查。

4. 听取财务部门关于上半年预算执行情况的报告，对上半年预算执行情况进行审查并提出意见或建议。

5. 听取财务部门关于经费预算调整和追加事项的说明，结合工会经审会办公室对预算调整方案的初步审查结果，审议通过经费预算调整、追加方案，并报工会经审会全委会会议确认。

6. 听取本级工会资产管理、建设项目、重大经济决策等情况汇报，提出审查意见或建议。

7. 听取和审议工会经审会常委会的工作报告，提出的工作意见、计划、规章制度和表彰、奖励方案及其他议案，并作出相应的决议。

8. 审议工会经审会常委会认为有必要讨论确定的其他事项。

9. 工会经审会办公室撰写工会经审会常委会会议纪要，经工会经审会主任审批后，印发至工会经审会全体委员、同级工会主要领导和财务等相关单位和部门。

10. 工会经审会办公室督促、检查工会经审会常委会决议和会议纪要的贯彻落实情况。

思考题：

1. 工会经费审查的范围是什么？主要包括哪些方面？
2. 工会经审会全委会、常委会审查的主要事项有哪些？
3. 工会经费审查应把握哪些主要原则？
4. 工会经费审查方式主要有哪几种类型？
5. 工会经审会全委会与常委会审查的程序有何不同？

第五章　工会审计

工会审计是指各级工会经费审查委员会在同级工会党组织领导下，依照法律法规和《中国工会章程》规定的职责、权限和程序，对工会财务收支、资产管理、内部控制、风险管理等全部经济活动实施独立、客观的监督、评价和建议的活动。其审计主体是各级工会经审会及其办公室，审计客体是本级工会及其所属企事业单位和下一级工会，审计对象是被审计单位的财务收支、资产管理、内部控制、风险管理等全部经济活动。工会审计实行“统一领导、分级管理、分级负责、下审一级”的工作体制，遵循“依法审计、服务大局、突出重点、注重实效”的工作方针。

第一节　工会审计职责和权限

工会经审会依照法律法规和《中国工会章程》独立履行审计监督职责。《审计署关于内部审计工作的规定》、《中国工会审计条例》等相关规定，明确了工会审计的职责和权限。

一、工会审计职责

工会经审会对本级工会及其所属企事业单位和下一级工会的下列事项进行审计。

1. 贯彻落实党和国家相关重大经济社会政策措施以及全国总工会决策部署情况；

2. 与经济活动有关的发展规划、战略决策、重大措施以及年度业务计划执行情况；

3. 经费预算编制和调整、预算执行、决算草案以及其他财务收支情况；

4. 经费计提和拨缴情况；

5. 专项资金物资的筹措、拨付、管理和使用情况；

6. 资产的管理、使用和处置情况；

7. 本级工会及其所属企事业单位建设项目情况；

8. 本级工会及其所属企事业单位对外投资情况；

9. 内部控制及风险管理情况；

10. 经费使用效益和资产经营效益情况；

11. 撤并时的财务清算情况；

12. 工会管理和委托其他单位管理的社会捐赠资金、各类基金的收支情况；

13. 其他需要审计的有关事项。

以上事项，必要时可以进行延伸审计。

工会经审会接受本级工会干部管理部门的书面委托，对本级工会内部管理的领导人员履行经济责任情况进行审计。

工会经审会可以对被审计单位依法依规应当接受审计的事项进行全面审计，也可以对其中的特定事项进行专项审计或者专项审计调查。

工会经审会对涉及本地区、本产业、本系统全局的重大项目，有权统一组织开展跨层级、跨区域审计或者专项审计。

上级工会经审会对其审计职责范围内的审计事项，可以授权下级工会经审会进行审计。下级工会经审会应当配合协助上级工会经审会开展各项审计工作。

二、工会审计权限

工会经审会主要有以下权限。

1. 工会经审会有权要求被审计单位提供财务、会计资料以及与财务收支有关的业务、管理等资料，包括电子数据和有关文档。被审计单位不得拒绝、拖延、谎报。被审计单位负责人应当对本单位提供资料的及时性、真实性和完整性负责，并作出书面承诺。

工会经审会对取得的资料进行综合分析，需要向被审计单位核实有关情况的，被审计单位应当予以配合。

2. 工会经审会进行审计时，有权检查被审计单位的财务、会计资料以及与财务收支有关的业务、管理等资料和资产，有权检查被审计单位信息系统的安全性、可靠性、经济性，被审计单位不得拒绝。

3. 工会经审会进行审计时，有权就审计事项的有关问题向有关单位、部门和个人进行调查和询问，并取得有关证明材料。有关单位、部门和个人应当配合、协助经审会工作，如实向经审会反映情况，提供有关证明材料。

4. 工会经审会进行审计时，经工会经审会主要负责人批准，有权对可能被转移、隐匿、篡改、毁弃的财务、会计资料以及与财务收支有关的业务、管理等资料，采取暂时封存的措施。

5. 工会经审会进行审计时，有权对正在进行的严重违法违规、严重损失浪费行为及时向单位主要负责人报告，经同意作出临时制止决定。

6. 工会经审会有权提出纠正、处理违法违规行为的意见和改进管理、提高绩效的建议。

7. 工会经审会有权对审计结果以适当方式进行通报。

8. 工会经审会有权对违法违规和造成损失浪费的被审计单位和人员，给予通报批评或者提出追究责任的建议。

9. 工会经审会对严格遵守财经法纪、经济效益显著、贡献突出的被审计单位和个人，可以向单位党组织、主要负责人提出表彰建议。

10. 工会经审会对审计中发现的严重违法违规、严重损失浪费等问题，以及被审计单位经济运行中存在的重大风险隐患，有权向同级工会党组织、工会委员会和上一级工会经审会报告。

11. 法律法规制度规定的其他权限。

第二节　工会审计项目类型

工会审计的主要项目可分为以下几类。

一、工会预算执行情况审计

工会预算执行情况审计，是指工会经审会根据《工会法》、《中国工会章程》、《中国工会审计条例》及相关法律法规制度规定，对同级工会和下一级工会预算执行情况以及其他财务收支的真实性、合法性和效益性进行的审计监督。

真实性是指反映经费收支、资产管理以及有关经济活动的信息与实际情况相符合的程度。

合法性是指经费收支、资产管理以及有关经济活动遵守法律、法规和规章的情况。

效益性是指经费收支、资产管理以及有关经济活动实现的经济效益、社会效益和环境效益。

各级工会经审会对同级工会、下一级工会及其纳入预算管理的直属企事业单位的全部收入、支出、资产、负债、净资产等进行审计监督。审计人员执行审计业务时，重点关注以下内容。

1. 内部控制制度是否健全完善，执行是否有效。

2. 预算执行、调整是否遵照《工会预算管理办法》的规定。

3. 中央财政资金、地方财政资金、上级工会补助资金以及项目资金等专项资金的筹措、拨付、管理和使用是否合规，有无截留、挪用等问题。

4. 工会经费收支情况是否真实、完整，有无截留应解经费、违规使用工会经费等问题。

5. “三公”经费、会议费、培训费开支是否合规，津贴、补贴、奖金发放是否合规等问题。

6. 银行账户和现金管理是否合规，有无“小金库”。

7. 固定资产管理制度是否健全，管理是否规范，产权是否明晰，处置是否合规合法。

8. 建设项目是否真实、合法、效益。

9. 对外投资是否论证充分、程序合法、注重绩效。

10. 往来款项是否手续齐备，及时对账、催收、清理。

11. 是否参照《政府采购法》和《招标投标法》等有关法律法规，实施集中采购管理。

12. 历年审计中发现的共性问题。

13. 其他相关内容。

工会经费预算执行情况的审计结果向同级工会经审会报告，作为工会经审会全委会会议对预算执行情况进行审查的依据。

二、工会经费计拨情况审计

工会经费计拨情况审计，是指工会经审会对建会单位在工会经费的计提、申报、拨缴、上解等方面情况进行的审计。工会经费计拨情况审计是促进依法拨缴工会经费、增强工会维权物质基础的有效手段，是更好地服务工会工作全局，不断增强工会财力的需要。

（一）审计内容

工会经费计拨情况审计主要审计以下内容。

1. 检查建立工会组织的企业事业单位、机关职工人数是否真实、准确，工资总额及其构成是否符合国家有关规定，计拨工会经费金额计算是否准确，拨缴是否足额、及时。

2. 检查工会经费的留成和上解比例计算是否真实、正确，上解经费是否及时、足额，有无截留、挪用情况。

（二）被审计单位应提供的资料

1. 单位人力资源部门管理的在职职工人数和应发工资情况资料。

2. 单位财务部门管理的有关各种工资、奖金、津贴和补贴、加班工资等发放情况资料。

3. 工会会计报表、拨缴工会经费收入明细账、银行对账单、工会经费分成上缴结算单、有关银行开户的资料。

4. 审计所需的其他资料。

被审计单位负责人应当对本单位所提供资料的及时性、真实性和完整性负责，并作出书面承诺。

三、工会专项资金审计

工会专项资金审计，是指工会经审会对上级工会拨入、本级工会预算安排、政府财政或相关部门拨入、企事业单位及个人捐赠的帮扶资金、送温暖资金、劳动模范资金、救灾慰问款等具有专门用途资金的筹措、拨付、管理和使用情况组织实施的审计。

工会经审会根据工作计划，在开展工会预算执行情况审计时对工会专项资金一并进行审计；或因工作需要，也可单独组织实施专项审计；在对下级工会检查专项资金时，可与相关的业务部门和财务部门人员联合完成。

工会经审会组织实施专项资金审计时，被审计单位应当提供专项资金年度预算安排及其运作流程，项目资金申请、拨付、结算的资料，专项资金管理办法等内部控制制度和与专项资金相关的文件等会计资料及其他资料。同时，被审计单位负责人应当对本单位所提供资料的及时性、真实性和完整性负责，并作出书面承诺。

审计人员依据专项资金的性质、用途和拨付环节等情况，主要采取审查财务资料、专项资金分配方案、有关文件和会议记录，向相关单位和个人进行调查和询问等方式开展审计。

工会专项资金审计的主要内容包括：

1. 专项资金管理的内部控制制度是否健全、有效。

2. 专项资金收入是否全部入账，现金和银行存款是否账实相符。

3. 专项资金拨付使用是否按规定用途专款专用，审批、签收等手续是否健全，票据管理是否完善，有无截留、挪用资金和虚列支出等问题。

4. 根据专项资金规定对该专项资金取得的经济、社会效益，以及推动工会重点工作开展的情况进行评价。

工会经审会在实施工会预算执行情况审计时对专项资金一并进行审计的，应将审计结果在审计报告中予以披露；若对专项资金组织专项审计的，应出具专项审计报告。工会经审会在专项资金审计中发现的重大问题，应当向同级工会党组织、工会委员会和上一级工会经审会报告。

四、工会建设项目审计

工会建设项目，是指以各级工会及其所属企事业单位为出资人或者为主要出资人的新建、改建、扩建及维修改造等建设项目。工会经审会负责对本级工会及其所属企事业单位建设项目的审计工作。

工会经审会独立行使审计监督权，恪守内部控制的制衡性原则，不得参与建设项目决策和审批、征地拆迁、工程招标、物资采购、质量评价、工程价款结算等管理活动。

工会经审会按照全面监督、突出重点、量力而行、确保质量的原则，组织建设项目审计工作。工会经审会可自行审计，也可以根据工作需要委托社会中介机构审计。工会经审会委托社会中介机构开展的跟踪审计和竣工决算审计过程中发生的全部审计费用，由建设单位列入工程竣工决算。工会经审会委托社会中介机构开展的工程竣工结算复审和专项审计等发生的审计费用，由工会经审会办公室编制预算，列入工会经审会办公室部门预算。

工会建设项目审计方式主要包括工会建设项目跟踪审计、工会建设项目竣工决算审计、工会建设项目竣工结算复审及工会建设项目专项审计等。其中，工会建设项目跟踪审计和工会建设项目竣工决算审计由建设单位向工会经审会提出审计申请后实施，工会建设项目竣工结算复审和工会建设项目专项审计由工会经审会依据审计工作计划实施。

（一）工会建设项目跟踪审计

工会建设项目跟踪审计重点关注建设项目从取得概算批复到竣工交付使用各阶段关键环节和重要事项的真实性、合法性。

工会建设项目跟踪审计主要包括以下内容。

1. 履行基本建设程序情况。审查是否取得县以上工会党组会议决议、可行性分析报告、立项批复、上级工会批复、概算批复、规划许可、施工许可等文件，审查是否按规定程序及时报批立项申请、概算调整及向上级工会请示；是否存在未经批准或者不符合规定的建设条件开工建设的情况。

2. 项目建设管理情况。审查建设单位项目建设内部控制制度建立及执行情况。

3. 招标采购情况。审查建设单位是否按照集中采购、招投标等相关法规制度及建设项目主管部门的要求，选择项目勘察、设计、施工、供货、代建、监理、造价咨询等参建单位。

4. 投资控制情况。审查建设单位有无擅自改变建设内容、扩大建设规模、提高建设标准等情形；审查变更洽商、现场签证的程序是否符合规定，内容是否真实合理。

5. 资金管理情况。审查建设项目财务管理和会计核算是否符合规定；审查建设资金到位情况是否与投资进度相衔接，有无大量资金闲置或因资金不到位而造成停工待料损失现象；审查建设资金是否按规定存放管理、单独核算、专款专用，有无挤占、挪用建设资金情况；审查是否存在施工单位垫资建设的情况；审查土地利用和征地拆迁资金的支付情况。

6. 工会建设项目竣工决算审计。

7. 其他应当审计的内容。

（二）工会建设项目竣工决算审计

工会建设项目竣工决算审计重点关注建设单位报送的项目建设管理、工程造价、资金使用、招标采购等竣工决算材料的真实性、合法性。

工会建设项目竣工决算审计主要包括以下内容。

1. 工会建设项目竣工结算复审。

2. 竣工财务决算报表和竣工财务决算说明书以及相关材料的真实性、合法性、完整性。

3. 建设项目投资及概预算执行情况，有无自行扩大投资规模、提高建设标准或超范围建设等情况。

4. 建设程序执行情况、招投标情况及项目管理情况。

5. 建设项目资金的来源、使用、结余是否符合规定，有无挤占、挪用项目资金的情况，是否存在施工单位垫资建设的情况。

6. 建筑安装工程投资、设备投资、待摊投资等各项支出的真实性、合法性，会计核算的准确性、及时性。

7. 建设项目内部控制制度是否健全、有效，财务管理是否规范，各项费用支出是否符合规定。

8. 应当交付使用资产是否符合规定条件，有无虚报完工等情况，收回的材料设备以及拆除临时建筑和原有建筑的残值是否按有关规定进行处理。

9. 尾工工程及预留费用是否控制在概算确定的范围内，预留的金额和比例是否合理。

10. 建设项目竣工交付使用后是否达到预期目标，有无存在项目竣工后闲置浪费等情况。

11. 其他应当审计的内容。

（三）工会建设项目竣工结算复审

工会建设项目竣工结算复审重点关注建设单位工程招投标、材料设备采购、组织实施和工程竣工结算等情况的真实性、合法性。各级工会经审会抽取不少于30%的已备案建设项目实施竣工结算复审。

列入工会建设项目竣工结算复审工作计划的建设项目一般符合下列情形。

1. 工程结算金额较大。

2. 工程结算金额超出合同金额较多。

3. 工程变更洽商较多。

4. 其他应当实施竣工结算复审的情形。

工会建设项目竣工结算复审主要包括以下内容。

1. 建设单位是否按规定完成工程竣工结算审核，结算审核报告是否完整、规范。

2. 工程量计算是否准确，单价确定是否合理，各种费用的计算是否符合相关规定，价差调整是否真实合规。

3. 变更洽商、现场签证等内容是否真实合理，签定原因是否充分，资料是否完整，程序是否规范。

4. 合同约定是否合规、合理，是否按照合同约定支付工程价款。

5. 是否存在擅自改变建设内容、扩大建设规模、提高建设标准的情况。

6. 施工单位是否具备相应的资质，是否按照集中采购及招投标的有关规定选择确定。

7. 是否建立健全项目建设内部控制制度，是否严格按照制度执行。

8. 其他应当审计的内容。

建设项目审计除上述内容外，还应当重点关注和披露下列事项。

1. 建设单位运行机制方面的问题。

2. 建设过程中重大失误以及造成的损失浪费。

3. 违规违纪违法问题。

4. 其他应当重点关注和披露的事项。

五、工会领导干部经济责任审计

经济责任，是指领导干部在本单位任职期间，对其管辖范围内贯彻执行党和国家经济方针政策、决策部署，推动本单位事业发展，管理公共资金、国有资产、国有资源，防控重大经济风险等有关经济活动应当履行的职责。

工会领导干部经济责任审计，是指对工会领导干部在任职期间的经济责任履行情况实施独立、客观的监督、评价和建议的活动。工会领导干部经济责任审计工作聚焦经济责任，客观评价，揭示问题，促进党和国家经济方针政策和决策部署的落实，促进领导干部履职尽责和担当作为，促进权力规范运行和反腐倡廉，促进组织规范管理和目标实现。

工会经审会接受本级工会干部管理部门的书面委托，对本级工会内部管理的领导人员履行经济责任情况进行审计。工会经审会实施工会领导干部经济责任审计时，参照执行中共中央办公厅、国务院办公厅印发的《党政主要领导干部和国有企事业单位主要领导人员经济责任审计规定》，中国内部审计协会发布的《第 2205 号内部审计具体准则——经济责任审计》等规定。

（一）审计内容

工会经审会应当根据被审计领导干部的职责权限和任职期间履行经济责任情况，结合被审计领导干部监督管理需要、履职特点、审计资源及其任职期间所在单位的实际情况，依法依规确定审计内容。

工会领导干部经济责任审计的主要内容一般包括：

1. 贯彻执行党和国家经济方针政策、决策部署情况。

2. 本部门本单位重要发展规划和政策措施的制定、执行和效果情况。

3. 重大经济事项的决策、执行和效果情况。

4. 财政财务管理和经济风险防范情况，生态文明建设项目、资金等管理使用和效益情况，以及在预算管理中执行机构编制管理规定情况。

5. 在经济活动中落实有关党风廉政建设责任和遵守廉洁从政规定情况。

6. 以往审计发现问题的整改情况。

7. 其他需要审计的内容。

（二）审计形式

工会领导干部经济责任审计可分为离任审计和任中审计两种形式。离任审计是指工会领导干部任期届满，或者因任期内办理调任、免职、辞职、退休等情形开展的经济责任审计。任中审计是指工会领导干部任职期间开展的经济责任审计。

随着审计实践的不断深入，客观上要求不断前移监督关口。各级工会应当提高任中审计的比重，更好地发挥任中审计的过程监督优势，切实将工会领导干部经济责任审计结果与领导班子建设和干部选拔任用工作相衔接，更好地满足干部管理监督需要，增强审计的时效性。

（三）审计评价

工会经审会应当根据被审计领导干部的职责要求，依据有关党内法规、法律法规、政策规定、责任制考核目标等，结合所在单位的实际情况，根据审计查证或者认定的事实，坚持定性评价与定量评价相结合，客观公正、实事求是地进行审计评价。审计评价应当有充分的审计证据支持，对审计中未涉及的事项不作评价。

审计评价应当遵循全面性、重要性、客观性、相关性和谨慎性原则。审计评价应当与审计内容相一致，一般包括被审计领导干部任职期间履行经济责任的主要业绩、主要问题以及应当承担的责任。

对被审计领导干部履行经济责任过程中存在的问题，工会经审会应当按照权责一致原则，根据领导干部职责分工及相关问题的历史背景、决策过程、性质、后果和领导干部实际发挥的作用等情况，界定其应当承担的直接责任或者领导责任。工会经审会对被审计领导干部应当承担责任的问题或者事项，可以提出责任追究建议。

直接责任，是指领导干部对履行经济责任过程中的下列行为应当承担的责任：直接违反有关党内法规、法律法规、政策规定的；授意、指使、强令、纵容、包庇下属人员违反有关党内法规、法律法规、政策规定的；贯彻党和国家经济方针政策、决策部署不坚决不全面不到位，造成公共资金、国有资产、国有资源损失浪费，生态环境破坏，公共利益损害等后果的；未完成有关法律法规规章、政策措施、目标责任书等规定的领导干部作为第一责任人（负总责）事项，造成公共资金、国有资产、国有资源损失浪费，生态环境破坏，公共利益损害等后果的；未经民主决策程序或者民主决策时在多数人不同意的情况下，直接决定、批准、组织实施重大经济事项，造成公共资金、国有资产、国有资源损失浪费，生态环境破坏，公共利益损害等后果的；不履行或者不正确履行职责，对造成的后果起决定性作用的其他行为。

领导责任，是指领导干部对履行经济责任过程中的下列行为应当承担的责任：民主决策时，在多数人同意的情况下，决定、批准、组织实施重大经济事项，由于决策不当或者决策失误造成公共资金、国有资产、国有资源损失浪费，生态环境破坏，公共利益损害等后果的；违反单位内部管理规定造成公共资金、国有资产、国有资源损失浪费，生态环境破坏，公共利益损害等后果的；参与相关决策和工作时，没有发表明确的反对意见，相关决策和工作违反有关党内法规、法律法规、政策规定，或者造成公共资金、国有资产、国有资源损失浪费，生态环境破坏，公共利益损害等后果的；疏于监管，未及时发现和处理所管辖范围内本级或者下一级地区（部门、单位）违反有关党内法规、法律法规、政策规定的问题，造成公共资金、国有资产、国有资源损失浪费，生态环境破坏，公共利益损害等后果的；除直接责任外，不履行或者不正确履行职责，对造成的后果应当承担责任的其他行为。

审计评价时，应当把领导干部在推进改革中因缺乏经验、先行先试出现的失误和错误，同明知故犯的违纪违法行为区分开来；把上级尚无明确限制的探索性试验中的失误和错误，同上级明令禁止后依然我行我素的违纪违法行为区分开来；把为推动发展的无意过失，同为谋取私利的违纪违法行为区分开来。正确把握事业为上、实事求是、依纪依法、容纠并举等原则，经综合分析研判，可以免责或者从轻定责，鼓励探索创新，支持担当作为，保护领导干部干事创业的积极性、主动性、创造性。

六、工会企事业单位财务审计

工会企事业单位财务审计，是指工会经审会对工会所属企业事业单位全部经济活动的真实性、合法性和效益性进行的审计。

（一）审计内容

工会经审会对同级工会所属企业事业单位的全部收入、支出、资产、负债、净资产等进行审计监督，重点关注以下内容。

1. 内部控制制度的建立和执行情况。
2. 预算执行和财务收支情况。
3. 目标责任制完成情况和绩效评价。
4. 专项资金的筹措、拨付、管理和使用情况。
5. “三公”经费、会议费、培训费开支情况，奖金和津贴、补贴发放情况。
6. 银行账户和现金管理情况。
7. 固定资产、建设项目、对外投资管理情况。
8. 重要经济事项审批和决策情况。
9. 企事业重组、撤并时财务清算情况。

10. 其他需要审计的有关事项。

（二）被审计单位应提供的资料

1. 会计报表、会计账簿、会计凭证、会计电算化数据。

2. 内部控制制度。

3. 与经济活动相关的招投标文件、可行性分析报告、审批文件、合同等。

4. 统计资料。

5. 法人登记、税务登记资料。

6. 银行开户资料。

7. 不动产产权证、资产处置等相关资料。

8. 其他有关资料。

被审计单位负责人应当对本单位提供资料的及时性、真实性和完整性负责，并作出书面承诺。

工会企事业单位财务审计的审计结果作为同级工会、上级工会及其有关部门评选先进和工作考核的重要依据。

七、工会内部控制审计

工会内部控制审计，是指工会经审会通过访谈、调查问卷、实地查验等方式对工会及其所属企事业单位内部控制设计的合理性和运行的有效性进行的审查和评价活动。通过开展工会内部控制审计，加强内部控制体系监督检查，揭示存在的风险隐患和内部控制缺陷，进一步发挥审计的建设性作用，促进单位不断优化内部控制体系。

内部控制审计应当以风险评估为基础，根据风险发生的可能性和对组织单个或者整体控制目标造成的影响程度，确定审计的范围和重点。内部控制审计应当在对内部控制全面评价的基础上，关注重要业务单位、重大业务事项和高风险领域的内部控制。

内部控制审计按其范围划分，分为全面内部控制审计和专项内部控制审计。全面内部控制审计，是针对被审计单位所有业务活动的内部控制所进行的全面审计。专项内部控制审计，是针对被审计单位内部控制的某个要素、某项业务活动或者业务活动某些环节的内部控制所进行的审计。

工会经审会对工会或所属事业单位开展内部控制审计，可以参考《行政事业单位内部控制规范（试行）》、《财政部关于全面推进行政事业单位内部控制建设的指导意见》等文件的相关规定，根据被审计单位的实际情况和需要，通过审查是否确定内部控制职能部门或牵头部门，单位经济活动的决策、执行和监督是否相互分离，是否建立健全议事决策机制、内部控制关键岗位责任制、内部授权审批控制、归口管理等内容，对单位层面内部控制的设计与运行情况进行审查和评价；可以针对预算业务、收支业务、政府采购业务、资产管理、建设项目、合同管理等，对业务层面内部控制的设计和运行情况进行审查和评价。

工会经审会对所属企业单位开展内部控制审计，可以参考《企业内部控制基本规范》及配套指引的相关规定，根据被审计单位的实际情况和需要，通过审查内部环境、风险评估、控制活动、信息与沟通、内部监督等要素，对组织层面内部控制的设计与运行情况进行审查和评价；可以针对采购业务、资产管理、销售业务、研究与开发、工程项目、担保业务、业务外包、财务报告、全面预算、合同管理、信息系统等，对业务层面内部控制的设计和运行情况进行审查和评价。

八、工会绩效审计

工会绩效审计，是指工会经审会按照一定的标准，运用适当的程序和方法，对工会及所属企事业单位经费使用、资产运营及相关经济活动的经济性、效率性和效果性，进行审查、分析和评价的活动。其中，经济性是指以最低的资源耗费获得一定数量和质量的产出，即少支出；效率性是指以较少的投入获得一定数量和质量的产出或以一定的投入获得较大数量和较高质量的产出，即支出合理；效果性是指既定目标的实现程度或一项活动预期影响与实际影响之间的关系，即支出得当。

工会绩效审计的目标是工会经审会依据审计发现作出审计评价，提出审计建议，促进被审计单位改善管理，节约、高效、优质地使用工会经费及资产，推动建立健全全面预算绩效管理制度，提高管理水平。工会绩效审计应以真实性、合法性审计为基础，坚持服务性、建设性、增值性原则。

工会及所属预算管理事业单位、工会所属企业和企业化管理事业单位两者在组织目标、业务活动内容、绩效评价标准等方面存在较大差异，因此开展绩效审计的具体目标和内容也不相同。

（一）工会及所属预算管理事业单位绩效审计

工会经审会对工会及所属预算管理事业单位开展的绩效审计往往以评价工会经费、资产管理和使用的经济性、效率性和效果性为核心，开展预算支出绩效审计。预算支出绩效审计应构建综合审计模式，以财务收支的真实性、合法性为基础，以预算支出为重点，以绩效为导向，从政策执行、资金使用、资源利用和行政效能等方面综合评价效益、效率和效果。

预算支出一般分为两类：一类是基本支出，是预算单位为保障其机构正常运转、完成日常工作任务而发生的支出，包括人员经费支出和日常公用经费支出两部分；另一类是项目支出，是预算单位在基本支出之外，为完成特定工作任务或事业发展目标所发生的支出，主要包括基本建设类项目支出、行政事业类项目支出和其他类项目支出。

1. 基本支出绩效审计。

基本支出绩效水平反映部门日常行政支出和行政成本的高低。基本支出绩效审计应主要审查部门按照定员定额标准，即根据其单位性质、职能、业务范围和工作任务下达的人员配置标准和实际资产量，使用人员经费与公用经费的经济性、效率性和效果性情况。检查人员经费和公用经费开支是否有损失浪费，是否有不必要或重复的开支，管理机制和业务流程是否以低成本运营，是否在确保组织正常运转条件下成本仍有压缩空间。重点关注会议费、接待费、交通费、差旅费等费用超标准、超规模、奢侈浪费等问题。基本支出绩效评价的指标主要有人员支出比率、公用支出比率、会议费招待费比率、人均行政成本、人均公用经费、基本支出预算执行差异率等。

2. 项目支出绩效审计。

项目支出绩效审计应主要关注项目立项、申报、实施、资金管理和产出的经济性、效率性、效果性情况。具体内容包括：审查项目立项是否经过科学的决策程序，是否符合党和国家的有关政策以及工会的相关规定，是否与本单位职责范围、工作发展规划相符，是否有利于促进本单位完成特定工作任务和实现事业发展；审查立项程序是否合规，是否经过可行性论证并履行报批程序，审批资料是否齐全；审查项目单位是否按批复的项目计划和支出预算使用项目资金，项目资金支出的内部控制是否健全有效，管理是否存在漏洞；审核项目资金管理使用的绩效情况，是否存在资产闲置和损失浪费问题；审查项目效果情况，项目实施效果是否达到了项目申报书中确定的各项指标，分析项目实施产生的社会效益、环境效益等情况。

（二）工会所属企业和企业化管理事业单位绩效审计

工会经审会对工会所属企业和企业化管理事业单位开展的绩效审计往往以评价企业经营管理活动的经济性、效率性和效果性为主。工会所属企业和企业化管理事业单位绩效审计主要审查和评价下列内容。

1. 有关经营管理活动经济性、效率性和效果性的信息是否真实、可靠。

2. 相关经营管理活动的人、财、物、信息、技术等资源取得、配置和使用的合法性、合理性、恰当性和节约性。

3. 经营管理活动既定目标的适当性、相关性、可行性和实现程度，以及未能实现既定目标的情况及其原因。

4. 研发、财务、采购、生产、销售等主要业务活动的效率。

5. 计划、决策、指挥、控制及协调等主要管理活动的效率。

6. 经营管理活动预期的经济效益和社会效益等的实现情况。

7. 组织为评价、报告和监督特定业务或者项目的经济性、效率性和效果性所建立的内部控制及风险管理体系的健全性及其运行的有效性。

8. 其他有关事项。

九、工会政策落实跟踪审计

2014 年 8 月，国务院办公厅下发《关于印发稳增长促改革调结构惠民生政策措施落实情况跟踪审计工作方案的通知》，要求审计署组织全国审计机关，开始全面对中央稳增长、促改革、调结构、惠民生的政策措施落实情况进行跟踪审计。2014 年 10 月，国务院印发《关于加强审计工作的意见》，要求审计机关持续组织对国家重大政策措施和宏观调控部署落实情况的跟踪审计，发挥审计促进国家重大决策部署落实的保障作用。2018 年 1 月，审计署发布《关于内部审计工作的规定》，明确要求内部审计机构对本单位及所属单位贯彻落实国家重大政策措施情况进行审计，对本单位及所属单位发展规划、战略决策、重大措施以及年度业务计划执行情况进行审计。2018 年 5 月，习近平总书记在中央审计委员会第一次会议上强调，加大对党中央重大政策措施贯彻落实情况跟踪审计力度。

中国工会十七大以来，全国总工会经审会充分认识新常态、适应新常态，着力转变审计理念思路，围绕党和国家重大政策措施贯彻落实，围绕全国总工会重点工作、重点任务落实，开展政策落实跟踪审计，发挥政策“督查员”作用。例如，全国总工会经审会组织协调 31 个省级工会及新疆生产建设兵团总工会开展城市困难职工解困脱困政策落实情况跟踪审计，围绕全国总工会提出的“到 2020 年困难职工同步迈入小康社会”目标要求，重点审计解困脱困政策落实和内部控制、解困脱困成效和违规违纪等情况；组织全国地市级以上工会经审组织开展劳模待遇落实情况和劳模资金分配管理使用情况专项审计，促进劳动模范待遇政策落实、提高劳动模范资金使用效益，并取得了较好成效。

当前工会政策落实跟踪审计尚处在起步阶段，开展好工会政策落实跟踪审计要把握以下两个方面。

（一）项目组织方面

工会政策落实跟踪审计有两种组织方式：一是就某项政策措施落实情况单独立项开展跟踪审计；二是结合其他审计项目开展，即在组织开展工会预算执行情况审计、财务收支审计、工会专项资金审计、工会领导干部经济责任审计等项目时，都将国家重大政策措施落实情况以及工会发展规划、战略决策和重大措施执行情况作为审计重点，并将发现的问题纳入审计报告。

工会政策落实跟踪审计要坚持围绕中心、服务大局。在不同的地区、行业（系统）工会，政策落实的重点是有区别的。

要结合本地区、本行业（系统）工会中心工作确定审计的重点领域、重点事项和重点专项资金，切实开展好跟踪审计工作。

工会政策落实跟踪审计，旨在打通“最先一公里”和“最后一公里”，破除“中梗阻”，使政策能够落地生根。在审计组织方式上，要坚持工会经审工作“一盘棋”，统筹使用各级工会经审力量，跟着政策走、跟着项目走、跟着资金走，努力实现全过程、全链条监督覆盖。

（二）审计实施方面

开展工会政策落实跟踪审计往往需要上下联动、横向融合，审计覆盖面较广，投入的审计资源和力量较多，开展全过程审计质量控制尤为重要。例如，印发跟踪审计实务指南，开展审前培训，实行审计方案、审计重点、适用政策依据、审计问题定性和处理原则“五统一”，能有效保证审计质量和成效。

开展工会政策落实跟踪审计要注意点面结合，做到“两手抓”。一方面，要着力推进政策落实和体制机制制度完善，发挥审计建设性作用，推动经济活动运行提质增效；另一方面，要注重揭示违规违纪问题。

开展工会政策落实跟踪审计要创新方式。工会政策落实跟踪审计是一种新的探索和尝试，是审计迈向新阶段的重要一步，需要审计人员在实践中创新审计工作思维、思路和方法。除了常规审计的方法外，还可以采用问卷调查、座谈会、研究型审计等方法。

第三节　工会审计程序

工会审计程序，是指各级工会经审会实施工会审计项目时应当遵循的基本工作流程。

工会审计程序主要包括编制年度审计项目计划、审计准备、审计实施、审计报告以及审计后续阶段，每个阶段又包括若干审计步骤。

一、编制年度审计项目计划阶段

年度审计项目计划是指各级工会经审会为履行职责，对审计工作按年度预先作出的统一安排，经审批后作为年度开展审计工作的依据。

工会经审会应当根据同级工会委员会的工作部署和上级工会经审会的要求，及时编制年度审计项目计划，报工会经审会主要负责人审批后正式实施。

编制年度审计项目计划应当坚持围绕中心、服务大局，紧紧围绕工会中心工作、重点任务确定总体审计计划，突出审计重点，合理安排审计资源，防止不必要的重复审计。法律法规规定每年应当审计的项目、本级工会党组织或者主要负责人明确要求开展的审计项目、上级工会经审会安排或者授权的审计项目，应当作为必选审计项目直接列入年度审计项目计划；其他审计项目计划的编制，要认真调查审计需求，对拟安排审计项目进行可行性研究，充分评估可用审计资源，确定审计项目；要按照“定期轮审、频率适当、消除盲区”的基本要求，合理安排审计项目，做到审计资源与审计项目相适应、审计力量与审计任务相匹配，统筹兼顾，量力而行，确保年度审计项目计划编制的科学性和可行性。

年度审计项目计划的内容主要包括：

1. 审计项目名称。

2. 审计目标，即实施审计项目预期要完成的任务和结果。

3. 审计范围，即审计项目涉及的具体单位、事项和所属期间。

4. 审计重点。

5. 审计项目组织和实施单位、实施时间。

6. 审计资源。

编制年度审计项目计划可以采取文字、表格或者两者相结合的形式。

年度审计项目计划一经下达，工会经审会应当确保完成，不得擅自变更。执行过程中需要对年度审计项目计划进行调整的，应当说明调整的事项、原因及对计划周期内审计项目计划未执行部分可能造成的影响，形成书面文件，报工会经审会主要负责人审批。

二、审计准备阶段

审计准备是指审计项目实施前的各项准备工作。主要包括成立审计组、开展审前调查、编制审计实施方案、审前内部沟通、制发审计通知书等。

（一）成立审计组

工会经审会在审计项目实施前组成审计组。审计组由审计组组长和其他审计组成员组成。审计组实行审计组组长负责制。审计组组长由经审会确定，审计组组长可以根据需要在审计组成员中确定主审，主审应当履行其规定职责和审计组组长委托履行的其他职责。

工会经审会根据工作需要，可以委托具有相应资质的社会中介机构对有关事项进行审计；可以聘请具有审计、财会等专业资格和职业能力的人员参与审计工作。

委托审计业务实行项目负责人负责制。项目负责人根据审计实施方案对受托社会中介机构提出工作要求，签订审计业务约定书；联系协调被审计单位；审核受托社会中介机构提出的审计报告，征求被审计单位意见，起草工会经审会的审计报告，报经批准后送达被审计单位；负责审计资料的立卷归档。受托社会中介机构对其出具的审计报告等审计结果负责，工会经审会对利用审计结果所形成的审计结论负责。工会经审会应当加强对外聘社会中介机构和人员的指导检查、监督评价和质量控制，对审计方案、审计工作底稿、审计报告等进行审核，根据审计工作完成情况，建立考评和退出机制。

在委托审计业务中，同一社会中介机构对同一被审计单位连续审计一般不超过三年。委托审计业务的项目负责人实行轮换和回避制度。

（二）开展审前调查

审前调查是指审计组在进入审计现场之前运用适当的方法和流程，调查了解被审计单位及其相关情况，分析判断被审计单位可能存在的问题，评估被审计单位存在重要问题的可能性，确定审计事项和审计应对措施，以此保证审计工作质量、提高审计工作效率。

审计组可以从以下方面调查了解被审计单位及其相关情况。

1. 单位性质、组织结构。

2. 职责范围或者经营范围、业务活动及其目标。

3. 相关法律法规、政策及其执行情况。

4. 财政财务管理体制和业务管理体制。

5. 适用的业绩指标体系以及业绩评价情况。

6. 相关内部控制及其执行情况。

7. 相关信息系统及其电子数据情况。

8. 经济环境、行业状况及其他外部因素。

9. 以往接受审计和监管及其整改情况。

10. 需要了解的其他情况。

（三）编制审计实施方案

审计实施方案是指审计组具体开展审计项目时，为实现审计目标，对具体审计项目的组织和实施过程所作出的详细安排。审计组应结合审前调查情况编制审计实施方案。

审计实施方案的内容主要包括：

1. 审计目标。

2. 审计范围。

3. 审计内容、重点及审计措施，包括审计事项和审计应对措施。

4. 审计工作要求，包括项目审计进度安排、审计组内部重要管理事项及职责分工等。

编制审计实施方案可以采取文字、表格或者两者相结合的形式。

审计实施方案中所确定的审计目标、审计范围、审计内容和重点等，应当符合年度审计项目计划的要求；确定的审计措施、审计方式方法等，应当科学、合理、可操作性强。在审计实施过程中，可根据实际情况对审计实施方案作适当调整。

（四）审前内部沟通

审前内部沟通是指在审计项目现场工作开始之前，审计组内部进行的项目初次沟通。审前内部沟通的主要目的在于使审计组全体成员知晓本次审计项目的所有相关事宜，明确审计项目应当完成的主要工作，确定每项具体审计工作的分工和协调，以确保整个审计工作能够以讲求效率和效果的方式顺利实施。审前内部沟通一般由审计组组长召集并主持。

（五）制发审计通知书

审计通知书是指在实施审计前，通知被审计单位接受审计的书面文件。工会经审会应当于实施审计三日前，向被审计单位送达审计通知书。

审计通知书的内容主要包括被审计单位名称、审计依据、审计范围、审计起始时间、审计组组长及其他成员名单和被审计单位配合审计工作的要求。同时，还应当向被审计单位告知审计组的审计纪律要求。

遇有特殊情况，报工会经审会主要负责人批准后，可以直接持审计通知书实施审计。例如，需要及时处理领导交办、协助查证以及信访举报等重大紧急或者有时限要求的审计事项。

三、审计实施阶段

审计实施是审计组进入被审计单位后开展的各项工作，包括审计进点、接收审计资料、开展现场审计和收集审计证据、编制审计工作底稿、现场审计反馈等。它是审计全过程最重要的阶段。

被审计单位应当配合审计组工作，提供相关审计资料及必要的工作条件。

（一）审计进点

1. 审计组进驻被审计单位后，应召开审计进点会议，被审计单位主管财务工作的工会主席或副主席、工会经审会主任及财务资产、经审等相关部门人员应参加会议。

2. 审计组应向被审计单位当面告知审计的目的、内容、现场安排和被审计单位配合审计工作的要求等事项。同时，还应向被审计单位告知审计组的审计纪律要求，以配合监督。

3. 被审计单位有关负责人应根据审计组的要求，简要介绍涉及审计内容的有关情况，并对需要配合的工作进行部署，安排必要的审计工作场所、落实配合审计工作联系人等事项。

4. 审计组应提前通知被审计单位，落实审计进点会议参加人员、时间等相关事项。

（二）接收审计资料

被审计单位应按照审计通知书关于提供资料清单的要求，

向审计组提供财务、会计资料以及与财务收支有关的业务、管理等资料，包括电子数据和有关文档。被审计单位负责人应当对本单位提供资料的及时性、真实性和完整性负责，并作出书面承诺，填制被审计单位承诺书。

审计组与被审计单位应办理审计资料交接手续。审计组对于接收的所有纸质及电子资料和数据，负有保密责任。

（三）开展现场审计和收集审计证据

审计组根据审计实施方案，在审前调查收集有关审计资料的基础上，进驻现场实施审计。

1. 开展现场审计

审计人员通过审查财务、会计资料，查阅与审计事项有关的文件、资料，检查现金、实物、有价证券和信息系统，向有关单位和个人调查等方式取得证明材料，对被审计单位进行现场审计。现场审计应根据审计目标确定审计时间和工作量。

2. 收集审计证据

审计证据是指审计人员获取的能够为审计结论提供合理基础的全部事实，包括审计人员调查了解被审计单位及其相关情况和对确定的审计事项进行审查所获取的证据。

审计证据主要包括书面证据、实物证据、视听证据、电子证据、口头证据、环境证据等种类。

审计人员获取的审计证据，应当具有适当性和充分性。适当性是指对审计证据质量的衡量，即审计证据在支持审计结论方面具有的相关性和可靠性。其中，相关性是指审计证据与审计事项及其具体审计目标之间具有实质性联系。可靠性是指审计证据真实、可信。充分性是对审计证据数量的衡量。审计人员在评估存在重要问题的可能性和审计证据质量的基础上，决定应当获取审计证据的数量。

审计人员可以采用审核、观察、监盘、访谈、调查、函证、计算和分析程序等取证方法向有关单位和个人获取审计证据。

审计人员取得的审计证据材料，应当由提供证据的有关人员、单位签名或者盖章；不能取得签名或者盖章不影响事实存在的，该审计证据仍然有效，但审计人员应当注明原因。

审计事项比较复杂或者取得的审计证据数量较大的，可以对审计证据进行汇总分析，编制审计取证单，由证据提供者签名或者盖章。

（四）编制审计工作底稿

审计工作底稿，是指审计人员对实施的审计程序、获取的相关审计证据以及得出的审计结论所作的工作记录。

审计工作底稿的内容主要包括：审计项目名称；审计事项名称；审计过程和结论；审计人员姓名及审计工作底稿编制日期并签名；审核人员姓名、审核意见及审核日期并签名；索引号及页码；附件数量。其中，审计工作底稿记录的审计过程和结论主要包括：实施审计的主要步骤和方法；取得的审计证据的名称和来源；审计认定的事实摘要；得出的审计结论及其相关标准。

审计工作底稿应附能证明该底稿所载审计事项、支持审计结论的审计证据材料。一份审计证据材料对应多个审计记录时，审计人员可以将审计证据材料附在与其关系最密切的审计记录后面，并在其他审计记录中予以说明。

撰写审计工作底稿应符合以下要求。

1. 审计人员应当根据审计实施方案确定的审计内容，逐事逐项编写审计工作底稿，做到内容完整、数据无误、观点明确、条理清楚、用词恰当、格式规范、勾稽关系清晰。审计工作底稿相互引用时，应当注明索引号。

2. 审计人员编制的审计工作底稿应当经审计组主审和审计组组长复核。

3. 对审计工作底稿应当进行确认。审计组应将审计工作底稿及所附的审计证据材料一并送达被审计单位，由被审计单位签名盖章确认。不能取得签名或者盖章不影响事实存在的，该审计工作底稿及审计证据仍然有效，但审计人员应当注明原因。

4. 审计组在审计工作结束后，应当按照审计项目的性质和内容进行分类、归集、排序和分析整理，及时将审计工作底稿及附件归入审计档案。

（五）现场审计反馈

现场审计结束，审计组主审应及时对审计情况进行整理，充分总结、肯定被审计单位在审计事项上的好做法或经验，对审计中发现的问题逐条进行梳理分类，形成审计报告口头反馈稿。审计报告口头反馈稿主要内容包括：被审计单位基本情况、审计评价、审计发现的主要问题、审计意见建议、上次审计意见整改和审计建议采纳情况等。

现场审计结束，审计组应及时组织被审计单位召开审计情况反馈会议，向被审计单位的领导班子成员、财务资产管理、经审及其他相关部门人员集中反馈审计情况，做好充分沟通交流。审计组组长主持会议，由审计组组长或主审对审计情况进行反馈，重点指出审计发现的主要问题和审计依据、提出初步的整改意见建议。

被审计单位有关人员可对审计发现问题进行反馈，纠正问题或者对问题的原因进行解释说明，并对拟采取的整改措施发表意见等。审计组应认真听取被审计单位的反馈意见，对被审计单位提出较大异议的问题，再次核实有关审计证据资料，做好沟通工作，务求真实地反映有关情况。此外，召开审计情况反馈会议要做好会议记录。

现场审计结束后，审计组应及时将审计资料归还被审计单位，双方应办理移交手续。

四、审计报告阶段

审计报告是指工会审计人员对被审计单位实施必要的审计程序后，出具的反映审计结果的书面文件。审计报告包括工会经审会进行审计后出具的审计报告以及专项审计调查后出具的专项审计调查报告。

（一）撰写审计组的审计报告

审计组对审计事项实施审计后，依据相关法律法规和内部控制制度作出审计评价，对需要整改的事项提出审计意见和建议，形成审计组的审计报告（征求意见稿），并征求被审计单位的意见。

审计报告应当内容完整、事实清楚、结论正确、用词恰当、格式规范，具有建设性并体现重要性原则。

审计报告一般包括下列基本要素：标题、文号（审计组的审计报告不含此项）、被审计单位名称、审计项目名称、内容、工会经审会名称（审计组名称及审计组组长签名）、签发日期。经济责任审计报告还包括被审计人员姓名及所担任职务。

其中，审计报告的内容主要包括：审计依据，即实施审计所依据的法律法规规定；实施审计的基本情况，一般包括审计范围、内容、方式和实施的起止时间；被审计单位基本情况；审计评价意见，即根据不同的审计目标，以适当、充分的审计证据为基础发表的评价意见；以往审计意见整改落实情况和审计建议采纳情况；审计发现的被审计单位违反国家法律法规和工会规定的预算收支、财务收支行为和其他重要问题的事实、定性、处理处罚意见以及依据的法律法规和标准；针对审计发现的问题，根据需要提出的改进建议。

审计期间被审计单位对审计发现的问题已经整改的，审计报告还应当包括有关整改情况。

经济责任审计报告还应当包括被审计人员履行经济责任的基本情况，以及被审计人员对审计发现问题承担的责任。

专项审计调查报告应当根据专项审计调查目标重点分析宏观性、普遍性、政策性或者体制、机制问题并提出改进建议。遇有特殊情况，工会经审会可以不向被调查单位出具专项审计调查报告。

（二）征求被审计单位意见

审计组应当书面征求被审计单位对审计报告的意见。经济责任审计报告还应当征求被审计人员的意见。

被审计单位自接到审计组的审计报告之日起十日内，应当向审计组回复书面意见；逾期不回复的，视同无异议。对被审计单位书面提出的意见，审计组应当进一步核实情况，对审计组的审计报告作必要修改，连同被审计单位的书面意见一并报送工会经审会。

（三）出具工会经审会的审计报告

工会经审会审核审计组的审计报告、研究被审计单位的书面意见后，出具工会经审会的审计报告，并将审计报告送达审计单位。

（四）出具审计决定

工会经审会对被审计单位违反财经法律法规的行为在职权范围内作出审计决定，并将审计决定送达被审计单位。审计决定自送达之日起生效。

五、审计后续阶段

（一）被审计单位进行整改并报送书面整改报告

各级工会应当建立健全审计发现问题整改机制，明确被审计单位是落实审计整改的责任主体，被审计单位主要负责人为审计整改第一责任人。

被审计单位自收到工会经审会的审计报告或者审计决定之日起30日内，应当将整改落实情况书面报告给出具审计报告或者审计决定的工会经审会。

（二）工会经审会进行审计整改检查

工会经审会应当建立健全审计整改监督检查机制，对被审计单位进行审计回访，督促其落实整改意见，执行审计决定。

审计组在审计实施过程中，应当及时督促被审计单位整改审计发现的问题。

工会经审会在出具审计报告、作出审计决定后，应当在规定的时间内检查或者了解被审计单位和其他有关单位的整改情况。工会经审会主要检查或者了解下列事项：被审计单位执行审计决定的情况；被审计单位对审计意见的整改落实情况；被审计单位对审计建议的处理情况；被审计单位对移送处理事项的落实情况。

工会经审会可以采取下列方式检查或者了解被审计单位和其他有关单位的整改情况：实地检查或者了解；取得并审阅相关书面材料；其他方式。

对于定期审计项目，工会经审会可以结合下一次审计，检查或者了解被审计单位的整改情况。

检查或者了解被审计单位和其他有关单位的整改情况应当取得相关证明材料。

（三）建立审计项目档案

工会经审会在审计项目实施结束后，应当及时收集审计档案材料，按照相关档案管理规定的立卷原则和方法进行归类整理、编目装订、组合成卷和定期归档。审计项目应当按审计项目立卷，不同审计项目不得合并立卷。

审计项目归档工作实行审计组组长负责制，审计组组长应当确定立卷责任人。立卷责任人应当收集审计项目的文件材料，并在审计项目终结后及时立卷归档，由审计组组长审查验收。

审计项目档案卷内文件材料可以按照结论类、证明类、立项类、备查类四个单元进行排列。

1. 结论类文件材料，按逆审计程序、结合其重要程度予以排列。主要包括：审计报告、审计决定、对被审计单位回复意见采纳情况的说明、被审计单位的回复意见、审计报告征求意见书（含征求意见稿）等。

2. 证明类文件材料，按与审计实施方案所列审计事项对应的顺序、结合其重要程度予以排列。主要包括：被审计单位承诺书、审计工作底稿及相应的审计取证单、审计证据等。

3. 立项类文件材料，按形成的时间顺序、结合其重要程度予以排列。主要包括：审前调查情况记录、审计实施方案、审计通知书、审计委托书等。

4. 备查类文件材料，按形成的时间顺序、结合其重要程度予以排列。主要包括：被审计单位整改报告及相关材料、审计过程中形成的重要审计情况、与审计项目联系密切且不属于前三类的其他材料等。

审计档案内每组材料之间的排列要求：正件在前，附件在后；定稿在前，修改稿在后；批复在前，请示在后；批示在前，报告在后；重要文件在前，次要文件在后；汇总性文件在前，原始性文件在后。

（四）审计复议

被审计单位或者相关责任人员对工会经审会作出的审计决定不服的，自收到审计决定之日起60日内，可以向出具审计决定的上一级工会经审会书面申请复审。上一级工会经审会自收到书面复审申请之日起60日内，应当作出复审决定。复审期间执行原审计决定。

工会经审会发现下一级工会经审会作出的审计决定违反国家有关规定或者有重大错误的，应当责成下一级工会经审会予以变更或者撤销，必要时可以直接作出变更或者撤销决定。

第四节　工会审计方法

审计方法是审计人员为了行使审计职能、完成审计任务、达到审计目标所采取的方式、手段和技术的总称。审计方法贯穿于整个审计工作过程，而不只存在于某一审计阶段或某几个环节。审计工作从制订年度审计项目计划开始，直至出具审计报告、依法作出审计决定和最终建立审计档案，都有运用审计方法的问题。审计方法可分为审计的一般方法、审计的技术方法和计算机辅助审计方法。

一、审计的一般方法

审计的一般方法是指按审计工作的先后顺序和审计工作范围或详略程度而进行划分的审计方法。按审计工作顺序可分为顺查法和逆查法；按审计工作范围或详略程度可分为详查法和抽查法。

（一）顺查法和逆查法

顺查法又称正查法，是按照会计核算程序的先后次序，依次对证、账、表各个环节进行检查核对的方法，即从原始凭证的审核开始，进而以原始凭证为依据，核对审查记账凭证，再根据记账凭证，检查日记账、明细分类账、总分类账，最后以账簿来核对报表，以确定会计资料的真实性、准确性和合法性。顺查法一般适用于业务规模不大、管理较为混乱、会计核算制度不健全、问题比较多的单位。

逆查法又称倒查法，是按照会计核算程序的相反次序，依次对表、账、证各个环节进行检查核对的方法，即从会计报表入手，对可疑账项和重要项目逐项核对总分类账和明细分类账、日记账，进而审查记账凭证和原始凭证，以查明问题的真相、原因和结果。逆查法一般适用于业务规模大、管理有序、会计核算制度健全的单位。

（二）详查法和抽查法

详查法是对被审计单位被审计期内的全部账、证、表或某一重要（或可疑）项目所包括的全部账项进行全面、详细的审查。在审计资源配置较充分时通常采用这种方法。

抽查法是指从被审计单位、被审计对象的总体中抽取一定数量具有代表性的样本进行测试，以样本审查结果推断总体特征，并做出审计结论的一种审计方法。这种方法的关键在于抽取样本，故又称抽样审计法。审计抽样分为统计抽样和非统计抽样两种，审计人员应当根据审计目标的要求和审计对象的特征，选择不同的审计抽样方法。抽查法审查重点明确，如果选对目标，省时省力，具有事半功倍的效果；但如目标和对象选择不当或缺乏代表性，往往不能发现问题，甚至前功尽弃。当审计人员和时间资源有限却又需要面临较大数量的被审计事项时，在审计目标允许的前提下可以采取抽查法。

二、审计的技术方法

审计的技术方法是审计人员收集审计证据时所用的方法。审计人员可以采取下列方法向有关单位和个人获取审计证据。

1. 审核。审核是对书面资料的审阅和复核。审计人员审核书面资料的范围十分广泛，如经济合同、计划预算、统计资料等，不限于会计资料。审计人员通过对书面资料的审核不仅可以获取直接证据，还可以获取间接证据，即通过审核寻找可能存在的问题和疑点，作为审计线索据以确定进一步审计的对象和方法，从而获取直接证据。审计人员审核书面资料时应当注意书面资料的真实性、完整性和合法性，诸如有无涂改或伪造的现象、是否符合国家有关法律法规规定、书面文件记载的经济事项是否真实合理以及书面文件之间是否相互印证。

2. 观察。观察是审计人员对被审计单位的经营场所、实物资产和有关经济活动或内部控制的执行情况进行的实地查看。通过观察，审计人员可以取得环境证据，以帮助其对被审计对象进行合理的判断。

3. 监盘。监盘是审计人员在盘点现场监督和观察被审计单位相关人员的盘点过程。在审计实务中，审计人员针对绝大多数实物资产都是通过监督盘存来获取审计证据的。监督盘存要求审计人员必须亲临现场，由被审计单位的人员实施盘点，审计人员只对盘点的过程进行监督以判断清点结果的可靠性。在发现疑点或审计人员认为必要时有计划地进行抽查复点。

4. 访谈。访谈是审计人员以口头询问的方式，面对面地向被审计单位内部有关人员询问有关的情况。在审计过程中，审计人员如果对某些情况了解不够清楚，或者对某些事项存在疑点，或者发现异常情况需要进一步查实时，都可以与被审计单位有关人员进行访谈。审计人员在进行访谈之前，最好能事先拟出访谈提纲，并恰当地选择访谈对象。在进行访谈时，应该注意方式方法，态度要和缓，以取得对方人员的理解和支持。由于被访谈人员在回答问题时可能带有很大的主观倾向性，或存在不实事求是和有意隐瞒等行为，审计人员对访谈的结果应认真进行甄别，并做好充分的记录。

5. 调查。调查是审计人员对被审计事项的有关情况进行的了解。实施审计过程中，审计人员除了审核书面资料和证实客观事物外，还需要对被审计单位的经济活动及其活动资料以内或以外的某些客观事实进行内查外调，以判断真相、查找线索或取得证据，这就需要审计人员深入实际进行审计调查。

6. 函证。函证是审计人员通过发函给有关的单位或个人，来证实与被审计单位有关的书面资料和经济活动的真实性。审计人员应恰当地设计函证信，并严密控制函证的过程。函证信一般应以被审计单位的名义发出，但回函必须要求直接寄送审计人员。审计人员在发出函证信后要做好函证记录，在收到函证回函后也要立即记录函证结果，对于函证回函表明的重大差异应进行进一步的调查以确定原因，对于重要的事项而未收到回函的应再次发函，或采取其他的替代审计程序。

7. 计算。计算是为核实数字的正确性而对被审计单位经济业务凭证或会计记录中的数据进行验算或重新计算的过程。由于计算所获取的证据属于审计人员亲自获取的证据，因此通常被认为具有较高的可靠性。

8. 分析程序。分析程序是指审计人员通过分析和比较信息之间的关系或者计算相关的比率，以确定合理性，并发现潜在差异和漏洞的一种审计方法。审计人员通过执行分析程序，能够获取与下列事项相关的证据：被审计单位的持续经营能力；被审计事项的总体合理性；业务活动、内部控制和风险管理中差异和漏洞的严重程度；业务活动的经济性、效率性和效果性；计划、预算的完成情况；其他事项。分析程序主要包括比较分析、比率分析、结构分析、趋势分析、回归分析等具体方法。审计人员可以根据审计目标和审计事项单独或者综合运用以上方法。

三、计算机辅助审计方法

计算机辅助审计，是指审计人员对工会财务、资产管理的相关电子信息证据进行客观的收集和分析，运用计算机辅助审计软件，进行审计评价的过程。计算机辅助审计可以贯穿审计的全过程。在审计计划阶段，可以辅助审计人员分析和编制审计计划，确定重大审计目标和重点审计领域；在审计实施阶段，可以辅助审计人员执行符合性测试和实质性测试；在审计报告阶段，可以辅助审计人员复核审计工作底稿、编制审计报告等。

会计电算化使传统的凭证、账簿、报表等文字记录和资料被电子数据和电子文档取代，减少了计算及过账错误的发生，但同时也对系统的安全性提出了更高的要求。由于电脑采取分阶段而不是逐笔打印会计记录的方式，因此审计人员应熟练掌握各项计算机会计、审计软件的操作，以保证审计结果的正确性。

四、审计方法的选用原则

对于每项具体审计项目，应结合实际，根据不同的工作要求，选择相应的审计方法。

（一）根据审计对象和审计目标的具体情况选用审计方法

进行财务收支审计时，主要运用审阅、复核、函证等查账的方法；进行工会绩效审计时，则要使用经济活动分析、决策分析等多种分析方法。

（二）根据不同的审计类型选用审计方法

不同类型的审计或同一类型的不同审计项目，可能都需要经过不同途径获取多种证据。不同证据要用不同方法才能获得。如实物证据的获得必须运用盘点法，第三方的外来证据要运用函证法或访谈法等。

（三）根据审计人员的素质来选用审计方法

审计作为一项技术性很强的工作，既要求审计人员具有相应的专业知识和其他学科的专门知识，又要求审计人员具有丰富的实践经验、敏锐的观察力和职业判断能力。但要让每个审计人员都成为“通才”是难以做到的。因此，在选用审计方法时，必须考虑审计人员的素质与运用某种方法时所应具备的能力是否相适应。

（四）根据审计方式选用审计方法

审计方式不同，选用审计的方法也不同。例如，被审计单位实行报送审计，则一般就不需要运用盘存法去核实资产（特例除外）；而进行就地审计时，则采取盘存法核实资产的实有数，常常是必须经过的步骤。在进行全面审计时，一般可以采用逆查法和抽查法；在进行专项审计时，则一般要用详查法、顺查法等。

（五）根据审计结论的保证程度和审计成本选用审计方法

审计结论要求的可靠度很高，则须运用详查法，否则可以采用抽查法；审计人员在考虑审计成本的同时，也要考虑由于降低审计成本而对审计结果产生的影响。

审计是一项综合性工作，单一的审计技术和方法无法满足其目标要求。审计人员需要综合运用多种审计技术与方法，并与特定审计环境相结合确定具体审计技术方法，以保证能收集到充分适当的审计证据，得出客观公正的审计结论。随着信息技术的发展，工会的财务、业务和管理活动逐步向信息化、数字化方向转型，工会审计必须适应审计环境的新变化，提升信息技术在审计工作中的应用水平，不断提高审计质量和效率。

第五节　工会审计文书

审计文书是指审计人员在审计工作中，依照必要的程序和手续，因业务需要而制作的并经领导签发的各类文书的总称。它是审计工作的记录和文字凭证。

一、工会审计文书的种类

根据工会审计业务公文处理的规定及实际工作发展，工会审计文书主要包括审计通知书、被审计单位承诺书、审计工作底稿、审计报告征求意见书、审计报告、审计决定、专项审计调查报告、审计结果报告、审计复审决定。

1. 审计通知书，适用于工会经审会在实施审计前向被审计单位通知有关审计的事项。

2. 被审计单位承诺书，适用于被审计单位的法人代表和财务负责人在实施审计之前对所提供资料的及时性、真实性和完整性作出的书面承诺。

3. 审计工作底稿，适用于对实施的审计程序、获取的相关审计证据，审计认定的事实摘要以及得出的审计结论和相关标准作出的记录。

4. 审计报告征求意见书，适用于以工会经审会名义向被审计单位征求对审计组的审计报告的意见。经济责任审计报告还应当征求被审计人员的意见；必要时，征求有关干部监督管理部门的意见。

5. 审计报告，适用于工会经审会对被审计单位实施必要的审计程序后，出具的反映审计结果的书面文件。工会经审会对审计事项实施审计后，应当依据相关法律法规和内部控制制度作出审计评价，对需要整改的事项提出审计意见和建议，并出具审计报告。

6. 审计决定，适用于工会经审会在职权范围内，对被审计单位违反国家和工会的财经法规行为进行制止而出具的决定。

7. 专项审计调查报告，适用于工会经审会在审计职责范围内对特定事项进行专项审计调查后出具的审计调查结论。

8. 审计结果报告，适用于工会经审会向同级工会领导、上级工会经审会汇报审计工作的结果，反映情况、提出意见或者建议。

9. 审计复审决定，适用于被审计单位或者相关责任人员不同意同级工会经审会作出的审计决定而提出的书面复审，由上一级工会经审会根据职责对下一级被审计单位或者相关责任人员经过进一步核实所作出的复审决定。

二、工会审计文书的要求

审计公文一般由发文机关、发文字号、标题、主送机关、正文、页号、附件、印章、成文时间、附注、主题词、抄送（抄报）等部分组成。

公文用纸一般为 A4 纸，左侧装订。

第六节　工会审计质量控制和责任

审计质量，其概念有广义和狭义之分。广义的审计质量是指审计工作的质量，即审计工作总体质量，包括管理工作和业务工作，由各级工会经审会负责审计质量控制。狭义的审计质量是指具体审计项目的质量，包括选项、立项、准备、实施、报告等一系列环节的工作效果和审计目标的实现程度，由工会经审会和审计组负责审计质量控制。

一、审计质量控制的概念

审计质量控制是指由工会经审会、审计组和相关审计人员根据审计质量标准，使各项审计管理工作和审计业务工作按预定目标在规定程序中运作，以达到规定的质量水平。审计质量控制包括计划、实施、检查、分析和反馈等一系列活动。

开展审计质量控制，对于防范审计风险、保证审计工作质量、促进工会审计人员提高职业胜任能力和业务水平，具有十分重要的意义。

工会经审会应当围绕审计质量责任、审计职业道德、审计人力资源、审计业务执行等建立审计质量控制制度。

二、项目审计质量控制和责任

工会审计实行审计组成员、审计组主审、审计组组长、工会经审会对审计项目的分级质量控制。

（一）审计组成员的职责和责任

审计组成员的工作职责包括：遵守《中国工会审计条例》和相关审计准则，保持审计独立性；按照分工完成审计任务，获取审计证据；如实记录实施的审计工作并报告工作结果；完成分配的其他工作。

审计组成员应当对下列事项承担责任：未按审计实施方案实施审计导致重大问题未被发现的；未按照《中国工会审计条例》和相关审计准则的要求获取审计证据导致审计证据不适当、不充分的；审计记录不真实、不完整的；对发现的重要问题隐瞒不报或者不如实报告的。

（二）审计组主审的职责和责任

根据工作需要，审计组可以设立主审。主审根据审计分工和审计组组长的委托，主要履行下列职责：起草审计实施方案、审计文书和审计信息；对主要审计事项进行审计查证；协助组织实施审计；督导审计组成员的工作；审核审计工作底稿和审计证据；组织审计项目归档工作；完成审计组组长委托的其他工作。

审计组组长将其工作职责委托给主审或者审计组其他成员的，仍应当对委托事项承担责任。受委托的成员在受托范围内承担相应责任。

（三）审计组组长的职责和责任

审计组组长的工作职责包括：编制或者审定审计实施方案；组织实施审计工作；督导审计组成员的工作；审核审计工作底稿和审计证据；组织编制并审核审计组起草的审计报告、审计决定、专题报告、审计信息等；配置和管理审计组的资源；工会经审会赋予的其他职责。

审计组组长应当从下列方面督导审计组成员的工作：将具体审计事项和审计措施等信息告知审计组成员，并与其讨论；检查审计组成员的工作进展，评估审计组成员的工作质量，并解决工作中存在的问题；给予审计组成员必要的培训和指导。

审计组组长应当对审计项目的总体质量负责，并对下列事项承担责任：审计实施方案编制或者组织实施不当，造成审计目标未实现或者重要问题未被发现的；审核未发现或者未纠正审计证据不适当、不充分问题的；审核未发现或者未纠正审计工作底稿不真实、不完整问题的；得出的审计结论不正确的；审计组起草的审计文书和审计信息反映的问题严重失实的；提出的审计处理处罚意见或者移送处理意见不正确的；对审计组发现的重要问题隐瞒不报或者不如实报告的；违反法定审计程序的。

（四）工会经审会的职责和责任

工会经审会的工作职责包括：审定审计项目目标、范围和审计资源的配置；确定审计组组长人选，确定聘请外部人员事宜；指导、监督审计组的审计工作；复核并审定审计报告、审计决定等审计项目材料和审计信息；审计管理中的其他重要事项。

工会经审会应当及时发现和纠正审计组工作中存在的重要问题，并对下列事项承担责任：对审计组请示的问题未及时采取适当措施导致严重后果的；复核未发现审计报告、审计决定等审计项目材料中存在的重要问题的；复核意见不正确的；要求审计组不在审计文书和审计信息中反映重要问题的；对统一组织审计项目的汇总审计结果出现重大错误、造成严重不良影响的。

工会经审会应当对审计质量控制制度及其执行情况进行持续评估，及时发现审计质量控制制度及其执行中存在的问题，并采取措施加以纠正或者改进。

工会经审会可以结合日常管理工作或者通过开展审计业务质量检查、规范化考核和优秀审计项目评选等方式，对审计质量控制制度及其执行情况进行持续评估。

思考题：

1. 工会审计的职责和权限有哪些？

2. 工会审计中常见的项目类型有哪些？其主要内容是什么？

3. 工会审计程序包括哪几个阶段？每个阶段包括哪些主要内容？

4. 工会审计方法的选用原则有哪些？

5. 工会审计文书主要包括哪几种？审计公文由哪几个部分组成？

6. 什么是审计质量控制？审计组成员、审计组主审、审计组组长、工会经审会的工作职责和责任分别有哪些？

第六章　工会经费审查监督工作保障

工会经审工作要顺利进行、有效发挥作用，需要领导、组织、制度和经费保障。《工会法》、《中国工会章程》和《中国工会审计条例》对工会经审组织的领导体制、组织建设、制度建设、经费保障作出了原则规定。各级工会按照这些原则规定，结合工作实践，就工会经审工作的领导保障、组织保障、制度保障和经费保障进行了有益探索。

第一节　领导保障

工会经审监督要加强党的领导，在工会同级党组织领导下，实行"统一领导、分级管理、分级负责、下审一级"的工作体制，工会经审工作的领导保障主要来自党中央、同级党组织、工会委员会（常委会）、上级工会经审会四个方面。

一、党中央对审计工作的集中统一领导

工会经审组织要强化政治意识，增强"两个维护"的政治自觉。

（一）提高党中央对审计工作集中统一领导的认识

审计是党和国家监督体系的重要组成部分，是推进国家治理体系和治理能力现代化的重要力量。审计工作涉及党和国家事业全局，必须在党中央集中统一领导下开展。各级工会经审组织要深刻领悟"两个确立"的决定性意义、增强"四个意

识”、坚定“四个自信”、做到“两个维护”，牢牢把握正确的审计工作方向，加强党建与经审业务的深度融合，切实把党中央对审计工作的集中统一领导落实到工会经审工作全过程各方面，推动工会经审工作高质量发展，以强有力的工会经审监督确保政令畅通。

（二）推动党中央关于审计工作的重大决策部署的落实

工会经审组织要自觉学习贯彻习近平总书记关于审计工作的重要讲话和重要指示批示精神，认真落实党中央对审计工作集中统一领导的各项要求。要加快构建上下贯通、全面覆盖、权威高效的工会经审监督“一盘棋”组织体系，以高质量工会经审工作推动党和国家重大经济社会政策措施落地落实。要提高政治判断力、政治领悟力、政治执行力，胸怀“国之大者”，按照新时代党中央赋予审计工作的新职责、新使命、新要求，完善推动党中央关于审计工作的重大决策部署落实机制。要始终紧扣党中央决策部署，自觉把党的集中统一领导贯穿到工会经审工作全过程，善于分析把握政治大局，坚持用政治眼光分析工会经济运行中的问题，从倾向性、苗头性问题发现政治问题的端倪，从经济监督中体现政治导向、政治要求，将工会经审工作自觉融入服务国家大局、工会全局工作中，做到党的政策决策部署到哪里，公共资金运用到哪里，工会经审监督就跟进到哪里。要聚焦关键重点，全面提升工会经审监督效能，要紧紧围绕重大政策落地、重要资金、重点项目、工会领导干部履职尽责、防范化解重大风险等方面开展审计。

二、同级党组织的领导

工会党组织要加强对工会经审工作的领导，立足工会发展战略和实际，增强工会经审工作的针对性和有效性，确保工会经审工作的高效有序。

（一）加强各级工会党组织对经审工作的领导

各级工会党组织要持续完善党领导经审工作的制度机制，加强对经审组织的领导。各级工会党组织要支持经审工作，主要负责同志要亲自抓、亲自管，鼓励经审组织查真相、说真话、报实情。要求被审计单位自觉接受审计，积极配合审计。各级工会党组织要加强对审计整改工作的领导，建立健全审计发现问题整改机制，明确被审计单位负责人为整改第一责任人，强化审计整改责任落实、健全审计整改工作机制、推动审计整改结果运用，做好审计“下半篇文章”，更好地发挥经审监督在工会治理体系中的重要作用，提高工会经审工作效能。

各级工会经审组织要自觉接受同级工会党组织的领导，履职尽责，全面贯彻落实党中央决策部署和工会工作安排。各级工会经审组织要建立定期向同级工会党组织报告审计工作制度，严格执行对重要审计情况、重要审计报告、重大违纪违法问题线索及其处理意见等请示报告制度。各级工会经审组织负责审计整改的监督检查，对整改的真实性、合法性、完整性进行检查、认定，形成审计整改监督检查报告，并向同级工会委员会报告年度审计整改监督检查情况。

（二）提高工会经审组织的地位，推动各级党委按照同级副职配备专职经审会主任

工会经审会由同级工会会员大会或会员代表大会民主选举产生，向同级工会会员大会或会员代表大会负责并报告工作，在闭会期间向工会委员会负责并报告工作。近年来，随着工会经费资产总量的不断增加、监督范围不断扩展，工会经审会审查审计监督的工作任务也越来越重。提高工会经审组织的地位十分必要和迫切。积极推动各级党委按照同级副职配备专职经审会主任，并进入同级工会党组参与决策，可以有效保证工会经审工作顺利开展。

（三）设立独立的工会经审工作办事机构——工会经审会办公室，承担工会经审会的日常工作和审计任务

工会经审会委员多由各地方、产业工会经审会主任担任，且多为兼职，只能定期讨论决定重要问题，无法承担日常工作。工会经审会的日常工作，特别是审计工作，须由专门工作机构完成。各级工会党组织可以按照工会章程有关规定，积极协调推动在各级工会设立工会经审会办公室，承担工会经审会日常工作和审计任务。

（四）配备经审干部，保证经审干部结构合理、力量充足，能够完成任务

工会经审工作的顺利开展，经审干部是保证。各级工会党组织应根据工作需要，配备符合条件、结构合理、数量充足、能力较强的经审干部，扎实开展审查审计监督工作，充分发挥经审工作对工会全局工作的服务保障作用。

1. 配备工会经审会委员。

根据全国总工会的有关规定，工会经审会委员应由政治素质高、业务能力强、具有相关专业知识的工会干部和会员担任。按照《中国工会审计条例》规定，县级以上工会经审会委员人数不少于同级工会委员会委员人数的20%，最低不少于5人。工会经审会委员中具有审计、财会专业知识的人员不少于三分之二。

2. 配备工会经审会主任，工会经审会办公室主任、副主任。

各级工会组织要积极争取同级副职配备经审会主任，并纳入同级工会领导干部序列，强化经审监督。地（市）级以上工会经审会主任应当专职配备。提出工会经审会主任候选人或报批经审会主任人事变动，事先应征求上级工会经审会的意见。工会经审会办公室主任、副主任应当按同级工会机关部门正、

副职级领导配备。

3. 搞好政治理论培训，提高工会经审干部的政治理论素养，做好考核、交流、管理和使用工作。

工会党组织要按照党管干部原则和干部管理的有关规定，从有利于工会经审工作发展和经审工作的实际需要出发，做好对经审干部的培训、考核、交流、管理、使用工作，包括加强对经审干部的政治理论培训，提高经审干部的政治理论素养。从工会经审工作的特点出发，设计合理的考核评价标准和办法，实事求是、客观公正地对经审干部进行考核；对成绩优异的经审干部，及时给予表彰奖励直至提拔使用；对违纪违规的经审干部，及时按照有关规定处理。按照人才成长规律，对经审干部进行培养交流，扩大经审干部的视野，增加工作阅历，提高经审干部的工作能力。

4. 为经审干部履行职责提供组织保护。

经审干部履行监督职责、开展工作，与其他部门相比，会遇到较多的阻力、困难，甚至遭受打击报复。工会党组织需要通过建立制度、严肃纪律等措施，对阻挠经审干部履行职责、打击报复经审干部的行为进行严肃处理，为经审干部履行职责提供保护和支持。同时，对经审干部利用职权谋取私利、弄虚作假、徇私舞弊、玩忽职守、给国家和工会造成重大损失、泄露相关秘密并造成严重后果的，按照有关规定给予批评、处罚或者处分。

三、工会委员会（常委会）的领导

《中国工会章程》规定，工会的各级领导机关，是各级工会代表大会和它选举产生的工会委员会。工会经审会由会员大会或会员代表大会选举产生，在代表大会闭会期间，向工会委员会负责并报告工作。

工会委员会（常委会）在代表大会闭会期间对经费审查工作的领导，主要体现在以下几个方面。

（一）支持工会经审会依照工会章程和有关规定，履行审查审计监督职责

工会委员会（常委会）不但按照有关规定主动接受工会经审会对其经费收支和资产管理情况的审查审计监督，而且支持工会经审会依法依规对同级工会所属企事业单位的审计监督和对下一级工会及其所属企事业单位的审计监督。具体包括以下几个方面。

1. 从制度上作出明确规定，并抓好落实。保证工会经审会主任参加（或者列席）工会主席办公会议、常委会会议和研究工会重大经济活动的会议，工会经审会办公室主任参加（或者列席）涉及工会经费、资产和相关经济活动的会议，为工会经审会履行监督职能提供条件。

2. 落实工会章程规定，支持工会经审会每年对同级工会上年度经费预算执行情况和资产管理情况进行审计、审查。坚持不经过工会经审会审查审计、不提交工会委员会全体会议审议，不将情况上报上级工会。定期听取工会经审会审查审计情况报告。

3. 支持工会经审会依照规定实施审计。落实工会章程规定，为工会经审会对本级工会及其所属企事业单位、下一级工会组织及其所属企事业单位进行审计提供领导保障，对阻挠工会经审会履行职责、阻挠审查审计的行为及时进行处理。

4. 督促被审计单位落实整改，提高经审监督实效。及时研究审计发现的典型性、普遍性、倾向性问题，制定完善相关管理制度，对审计意见整改工作作出部署。支持工会经审会对落实整改意见情况进行督促检查，确保整改到位。对拒不执行审计决定、不进行整改或故意拖延的，作出严肃处理。

（二）制定有关经审工作的重要规章制度

按照“统一领导、分级管理、分级负责、下审一级”的经费审查监督体制的要求，有关工会经审工作的制度，应分类由不同管理主体制定和实施。

1. 凡具有普适性的工会经审工作制度，应由全国总工会制定，由全国总工会或全国总工会办公厅发布执行。

2. 在全国总工会制定的制度框架内，由全国总工会经审会制定有关经审工作的具体制度。

3. 各地方总工会、产业工会及其经审会可以根据各自实际，在全国总工会、全国总工会经审会制度的框架和原则内制定各自的经审工作具体制度。

（三）研究解决工会经审工作中的重要问题，推动工会经审工作顺利发展

工会经审会实施审查审计，必然会遇到各种各样的问题。这些问题中，许多需要工会委员会（常委会）及时研究解决。

1. 工会经审会审查过程中，经审会委员提出的意见和建议，工会委员会（常委会）应及时研究，向经审会委员作出答复。

2. 工会经审会审查审计情况需要向工会委员会（常委会）报告的，工会委员会（常委会）应及时听取汇报，并就有关问题作出决定。

3. 被审计单位有下列情形之一的，由单位党组织、领导班子责令改正，并对直接负责的主管人员和其他直接责任人员进行处理：

（1）拒绝接受或者不配合工会审计工作的。

（2）拒绝、拖延提供与审计事项有关的资料，或者提供资料不真实、不完整的。

（3）拒不纠正审计发现问题的。

（4）整改不力、屡审屡犯的。

（5）违反国家规定或者工会内部规定的其他情形。

（四）负责对经审干部进行工会业务知识培训，提高经审干部素质

工会经审工作是工会工作的重要组成部分，工会经审干部必须围绕工会工作全局来履行职责、做好工作。各级工会委员会（常委会）应把经审干部纳入工会干部培训总体规划，提高经审干部的思想政治水平和业务素质。对工会经审干部进行培训，需要从以下两个方面采取措施。

1. 把工会经审干部培训纳入工会干部培训总体规划，统筹安排，深入学习贯彻习近平新时代中国特色社会主义思想，加强中国特色社会主义工会发展道路理论和工会工作的各项业务知识的培训，使工会经审干部理论知识和业务能力得到及时更新和提升，以适应新时代工会工作发展的需要。

2. 从经费、物质条件等方面保证工会经审会能够根据自身工作的需要，开展对经审干部的审查审计、专业技能培训，使经审干部能够紧跟审查审计业务发展的形势，了解审查审计业务理论和实践前沿知识、技能，适应提高审查审计质量的需要。

四、上级工会经审会的领导、指导

按照《中国工会章程》和《中国工会审计条例》的规定，工会经审工作实行“统一领导、分级管理、分级负责、下审一级”的体制，上级工会经审会有领导和指导下级工会经审工作的职责。

上级工会经审会对下级工会经审工作的领导、指导，主要体现在以下方面：指导下级工会经审会认真落实党中央和中央审计委员会有关部署、全国总工会制定的有关工会经审工作的

规章制度，对研究执行过程中存在的问题，应及时提出意见建议；在业务范围内研究、制定和完善工会经审工作有关制度，推动工会经审工作发展；协调督促解决下级工会经审工作中存在的突出问题，如机构设置、干部配备、工作经费、设备配置等；在职责范围内对下级工会经审组织的工作进行考核，奖优罚劣，提升工会经审工作整体水平；负责对经审干部进行工会经审专业知识和技能培训，提高经审干部的业务能力。

上级工会经审会对下级工会经审工作的领导、指导，需要创造必要的、符合形势发展要求的有效载体。自 2005 年起，全国总工会制定并不断修订《省级工会经费审查工作规范化建设标准》，以推进“规范化建设”为载体提升省级工会经审工作水平。省级工会经审会也以规范化建设为抓手，推进市、县级工会经审工作，取得了明显成效。还有一些省市工会经审会，针对工会经审工作中存在的突出问题，着眼于增强工会经审工作实效，以开展审计质量年活动、优秀审计项目评选活动为载体，推进工会经审工作，也取得了明显成效。各级工会应该总结这方面的经验，根据工作发展情况，适时调整或者创新工作载体、工作方式方法，以有效的载体推进工会经审工作持续健康发展。

第二节　组织保障

工会经审组织是工会经审工作任务的具体承担者，是工会经审工作顺利开展的组织基础。总结近年来各级工会在经审组织建设方面的实践经验，从保证经审组织顺利履行职责的需要出发，工会经审组织建设主要应抓好以下两方面工作。

一、健全工会经费审查监督组织机构

根据《中国工会章程》和《中国工会审计条例》的规定，工会经审会设立的原则是：工会经审会应当与同级工会委员会同时考察、同时报批、同时选举产生。多年来，各级工会认真贯彻这些原则规定，使工会经审组织日益健全。

（一）大力推动基层工会经审会组建工作

随着工会组织的发展壮大，乡镇（街道）工会和工会联合会、联合工会等新型工会组织应运而生。为了保证工会经费的正确使用和工会资产的完整、安全，职工人数众多、独立管理经费和资产总量较大的工会，应该建立经审会。人数较少、经费和资产总量较小的，应该建立经审小组或设立经审委员。不管理经费的产业工会和小型基层工会，应采取灵活方式对经费使用等情况进行监督。不管理经费的产业工会和小型基层工会是否建立工会经审会，工会章程和有关制度没有作出明确规定。从实践情况看，这些工会经费和资产使用情况的监督，更多地应通过上级工会检查、向会员公开、由会员直接监督等形式进行。经过努力，使工会经审组织的组建率有一个明显的提高，对工会经费和资产的监督实现全覆盖。

（二）健全工会经审会常委会

按照《中国工会章程》和《中国工会审计条例》的规定，全国总工会和省、自治区、直辖市总工会以及独立管理经费的全国产业工会经审会，应当设置常委会。要加强工会经审会常委会建设，建立健全工会经审会常委会组织、会议、议事等各项制度，注意调动工会经审会常委会组成人员在调研、议事、决策中的主动性和积极性，在推进工会经审工作中充分发挥工会经审会常委会的作用。

（三）切实加强工会经审会办公室建设

要设置工会经审会办公室，配备专职经审干部。特别是在工会机关机构改革中，要将工会经审会办公室建设纳入机构改革方案，只能加强，不能削弱。要本着精干、高效、与所承担的工作任务相适应的原则，解决好工会经审会办公室的机构设置和人员编制，配齐配强经审干部，使之适应工会加强经济监督的需要。

二、健全工会经费审查监督队伍

经审干部是工会经审工作的具体承担者，没有一支信念坚定、业务精通、作风务实、清正廉洁、力量充足、结构合理的高素质专业化经审干部队伍，工会经审工作将无从谈起。因此，各级工会应该按照有关规定和实际工作需要，重视做好经审干部队伍建设工作。考察工会经审干部产生的历史，总结经验教训，经审干部队伍建设应该做到以下七个“坚持”。

（一）坚持工会经审会只能在工会会员大会或者会员代表大会上选举产生，不能由工会委员会委派或聘任

在我国工会历史上，曾经出现过工会经审会由工会委员会委派或聘任的情况。实践证明，这种做法严重削弱了工会经审组织的地位和作用，不利于工会事业的发展。各级工会应该严格按照《中国工会章程》的规定，坚持由工会会员大会或者会员代表大会选举产生同级工会经审会。

（二）坚持工会经审会主任、副主任只能由工会经审会全委会会议选举产生，不能由工会委员会任命或指派

工会经审组织履行审查审计监督职责，保持较强的独立性是经审组织有效发挥作用的前提条件。各级工会应该严格执行《中国工会章程》的这一规定，保持经审组织的独立性，保证经审组织依法依规独立自主开展工作。

（三）坚持按照规定程序配备经审干部

工会领导班子实行地方党委和上级工会双重管理、以地方党委管理为主的体制。工会代表大会选举产生工会经审会之前，对地方党委推荐的工会经审会负责人人选，应事先报上级工会批复同意，并征求上级工会经审会的意见；工会经审会办公室主任、副主任的任免，事先应征求同级工会经审会主任的意见。

（四）坚持按照规定和实际工作需要配备经审干部

各级工会应按照县级以上工会经审会委员人数不少于同级工会委员会委员人数的 20%，最低不少于 5 人，且工会经审会委员中具有审计、财会专业知识的人员不少于三分之二，来配备经审干部。各级工会经审会办公室主任、副主任应列入同级工会机关部门正职、副职级领导职位。没有条件设立经审会办公室的工会，应该配备专兼职经审干部从事经审工作。

（五）坚持不断充实经审干部力量

由于多种原因，目前经审干部不论从数量上还是从质量上来看，都不能满足经审工作的现实需要。经审工作的顺利推进，必须依赖于一支专兼职相结合的经审工作队伍。近年来，各级工会在不断壮大经审专职干部队伍的同时，为适应工会组织越来越多、经费总量不断增大、工会经济活动日益拓展等情况，积极发展兼职经审干部，通过建立特邀审计员队伍，弥补经审干部力量不足，收到了比较好的效果，值得推广。

（六）坚持加强经审干部职业道德建设

各级工会应通过多种措施，教育经审干部严格遵守审计人员职业道德规范，以保证经审干部忠实履行审查审计监督职责。根据审计署的规定，工会经审属于内部审计，经审干部应该遵守中国内部审计协会以及全国总工会制定的审计人员职业道德规范，主要有以下几点。

1. 在履行职责时，应当严格遵守中国内部审计准则、中国内部审计协会和全国总工会制定的审计规定。

2. 不得从事损害国家利益、组织利益和内部审计职业荣誉的活动。

3. 在履行职责时，应当做到独立、客观、正直和勤勉。

4. 在履行职责时，应当保持廉洁，不得从被审计单位获得任何可能有损职业判断的利益。

5. 应当保持应有的职业谨慎，并合理使用职业判断。

6. 应当保持和提高专业胜任能力，必要时可聘请有关专家协助。

7. 应诚实地为组织服务，不做任何违反诚信原则的事情。

8. 应当遵循保密性原则，按规定使用其在履行职责时所获取的资料。

9. 在审计报告中应客观地披露所了解的全部重要事项。

10. 应具有较强的人际交往技能，妥善处理好与组织内外相关机构和人员的关系。

11. 应不断接受后续教育，提高审计工作质量。

（七）坚持对经审干部进行纪律约束

由于职业道德规范是一种软约束，因此需要通过法规制度的形式对经审干部履行职责进行具有法律效力的刚性约束。《中国工会审计条例》和《全总经审会关于进一步加强审计纪律的规定》对工会经审人员提出了纪律约束，经审干部必须严格遵守。

根据《中国工会审计条例》第五十八条规定，工会经审会和审计人员有下列情形之一的，由同级工会党组织、领导班子对直接负责的主管人员和其他直接责任人员进行处理；涉嫌犯罪的，移送有关机关依法追究刑事责任：

1. 徇私舞弊、玩忽职守，给国家和工会造成重大损失的。

2. 隐瞒审计查出的问题或者提供虚假审计报告的。

3. 泄露国家秘密或者商业秘密的。

4. 利用职权谋取私利的。

5. 违反国家规定或者工会内部规定的其他情形。

《全总经审会关于进一步加强审计纪律的规定》则要求做到以下“八不准”：

1. 不准由被审计单位支付住宿费用。经审会审计组、审计人员外出审计时，一律在财政部门定点饭店或工会系统的宾馆按标准住宿。

2. 不准使用被审计单位的交通工具、通信工具等办公条件办理与审计工作无关的事项。

3. 不准参加被审计单位安排的宴请、旅游和娱乐活动。

4. 不准接受被审计单位的礼品、礼金、消费卡和有价证券。

5. 不准在被审计单位报销任何因公、因私费用。

6. 不准向被审计单位推销商品或介绍业务。

7. 不准利用审计职权或知晓的被审计单位的内部信息，为自己和他人谋利。正式交换意见前，审计人员不得泄露审计工作情况。

8. 不准向被审计单位提出任何与审计工作无关的要求。

违反以上规定的，对有关责任人视违规情节轻重进行批评教育、诫勉谈话、通报批评、组织处理或按有关规定给予纪律处分；涉嫌犯罪的，移送司法机关追究法律责任。侵占被审计单位经济利益的，如数退还，有关责任人所在单位领导登门赔礼道歉。发现违反以上规定不查处、不报告，甚至包庇姑息和造成恶劣影响的，对有关负责人给予通报批评或采取其他组织处理措施。

第三节　制度保障

建立科学、完整的工会经审工作制度体系，是推动工会经审工作不断发展的根本保证。要以建立社会主义市场经济条件下工会经费审查监督制度体系为目标，统筹规划，分步实施，建立健全并严格执行各项经审监督制度，使工会经审工作制度在实践中发展、在创新中完善，充分发挥制度在工会经审工作中的保障作用。

一、建立健全工会经费审查监督制度体系

工会经审工作制度体系包括三个方面。

（一）工会经审会组织制度

工会经审会组织制度是涉及经审工作的根本制度。除《工会法》和《中国工会章程》对工会组织建设作出规定外，早在1956年1月4日，全国总工会第七届执行委员会第九次会议就通过了《工会各级组织经费审查委员会组织通则》，1985年11月13日，全国总工会第十届执行委员会主席团第八次会议再次通过《工会各级经费审查委员会组织通则》。此后，全国总工会在《关于加强工会经费审查监督工作的意见》、《中国工会审计条例》等文件和规定中，也对相关问题作出了规定。这些规定主要包括经审组织设置和产生方式、职责和任务、权利和义务等。

（二）工会经审会议事制度

各级工会经审会在全国总工会经审会规定的原则和框架内制定各自的具体制度，包括工会经审会及其常委会、经审会办公室的议事制度及各自的职责、权限等内容。

（三）工会经审会业务工作制度

工会经审会业务工作制度包括审查制度和审计制度两个方面。

工会经审会审查制度，包括审查程序、审查内容、审查方式、审查结果的运用等。2016 年 10 月，全国总工会经审会颁布实施《工会预算审查监督办法》，对经费预算审查程序作出了规定。

工会经审会审计制度，包括审计类型、审计主体、审计客体、审计计划、实施、反馈、回访、整改等。2023 年修订了《中国工会审计条例》，对工会审计机构和人员、审计职责、审计权限、审计程序、工作保障等作出了规定。近年来，全国总工会经审会陆续制定实施了《工会专项资金审计暂行办法》、《在京中央企业工会财务收支审计暂行办法》、《工会预算执行情况审计监督办法》、《工会企业事业单位财务审计办法》、《工会建设项目审计办法》、《中华全国总工会关于加强工会财务管理、资产监督管理和经费审查审计监督的意见》、《中华全国总工会经费审查委员会办公室关于聘请社会中介机构参与审计工作管理办法》等制度文件。

二、抓好工会经费审查监督制度的落实

要强化制度执行力，加强制度执行的监督，把制度优势转化为治理效能。从多年的实践来看，有关工会经审工作制度的落实，总体上是比较好的。各级工会委员会和经审会在经审工作制度落实上都负有责任。为了抓好工会经审工作制度落实，应从以下三个方面做好工作。

（一）加强工会经审工作的理论研究，为制定科学合理的经审监督制度奠定基础

应注意培养一些工会经审工作理论研究人员。根据需要确定一批理论研究课题，有计划地对工会经审工作相关理论进行

深入研究。结合工会干部培训教育，对各级工会干部进行经审工作理论培训，使工会干部做到理论上明确清醒，为经审制度建设奠定基础。

（二）进一步健全完善工会经审工作各项制度

各级工会和各级工会经审会应对现有的各项制度进行梳理，坚持“废改立”，进一步健全完善工会经审工作各项制度，增强制度的科学性、系统性、操作性，着力解决定性处理标准和法规引用不一致、工作程序不规范、整改落实不到位等问题，规范管理，优化流程，强化创新，促进工会经审工作法治化、规范化。

（三）加大工会经审工作制度的执行落实力度

应改变重制度制定、轻制度执行的现象，把制度的落实作为重要工作职责。通过开展制度落实情况检查、督察、通报等措施，推进制度的落实，维护制度的严肃性。

第四节　经费保障

工会经审工作能否顺利进行，必要的经费和物质保障是基础。各级工会应当为经审会及其经审会办公室开展审计工作提供必要的物质保障和工作条件，将工会经审工作经费纳入本级工会年度经费预算。

一、为工会经审工作开展提供必要物质保障

工会经审工作是工会工作的重要组成部分，各级工会应按照不低于工会组织其他部门的标准，为经审组织开展工作提供各项物质保障。与工会其他职能工作相比，工会经审工作有其特殊性，开展工作需要配备与履行职能相适应的特殊设备和特殊条件时，各级工会应该尽力予以满足。

二、按照制度规定落实工会经审工作经费

工会经审工作经费是经审组织开展工作的经济保障。各级工会要确保工会经审组织开展审查审计监督工作经费，将工会经审工作经费列入本级工会年度预算，作为专项业务费进行管理。

工会经审工作经费开支范围包括以下几个方面。

1. 审查审计工作经费。主要用于开展审计、审计调研、专项检查等工作所需经费。包括支付聘请社会中介机构、特邀审计员、经审互审活动发生的经费，审计差旅费、交通费，对相关审计业务的论证咨询费等。

2. 工会经审工作制度建设和调研工作经费。主要用于开展工会经审工作制度研究、专项调研、工作督导、规范化建设考核及有关业务工作会议、座谈会所需的工作经费。

3. 工会经审干部培训经费。主要用于对本级和下级工会经审人员培训。包括培训费、讲课费、住宿费、伙食费、学杂费、资料印刷费、课件制作费等。

4. 工会审计软件开发与应用经费。主要用于工会审计软件的购买、开发、应用、维护、升级、技术服务和网络数据传输、数据库管理等。

5. 业务资料费。主要用于购置工会经审业务建设所需的业务书刊、资料。包括与工会经审工作相关的书籍、报纸、文件汇编、论文汇编及工会经审信息的编审、印刷、邮寄等费用。

6. 设备及办公用品购置费。主要用于购置必备的经审工作设备、工具、办公用品等。

7. 工会经审工作规范化建设考核、优秀审计项目评选以及奖牌、奖状、证书的制作和邮寄费等。

8. 支付审计学会、协会的会费。

9. 其他工会经审工作所需的经费。

思考题：

1. 为什么要加强党中央对审计工作的集中统一领导？

2. 各级工会领导班子应如何重视工会经审工作？

3. 上级工会经审会如何加强对下级工会经审工作的领导和指导？

4. 如何为经审监督提供有效的组织保障？

5. 如何发挥制度对工会经审工作的保障作用？

参考文献

1. 习近平．习近平谈治国理政［M］．北京：外文出版社，2014.

2. 习近平．习近平谈治国理政（第二卷）［M］．北京：外文出版社，2017.

3. 习近平．习近平谈治国理政（第三卷）［M］．北京：外文出版社，2020.

4. 习近平．习近平谈治国理政（第四卷）［M］．北京：外文出版社，2022.

5. 本书编写组．党的二十大报告学习辅导百问［M］．北京：学习出版社，党建读物出版社，2022.

6. 全国总工会课题组．深入学习贯彻习近平总书记关于工人阶级和工会工作的重要论述［M］．北京：中国工人出版社，2021.

7. 中华人民共和国审计法［M］．北京：法制出版社，2021.

8. 中华人民共和国工会法［M］．北京：中国工人出版社，2022.

9. 中共中央文献编辑委员会．刘少奇选集（上、下卷）［M］．北京：人民出版社，2004.

10. 中华全国总工会经费审查委员会办公室．工会经审制度文件选编［M］．北京：中国工人出版社，2019.

11. 中华人民共和国审计署．中国共产党领导下的审计工作史［M］．北京：中共党史出版社，2021.

后　记

《工会经审工作概论》是全国工会干部培训基础教材之一。

本次出版的《工会经审工作概论》是在 2018 年的基础上，由全国总工会经费审查委员会办公室负责修订。参加修订工作的人员有：李蕾、周建元、王由由、王鹏、田育婧、齐晓园、丁贺航。臧朝晖、刘军同志负责审阅书稿。全书由张西昶同志终审定稿。

由于编者水平有限，本书难免存在不足和疏漏之处，诚恳地欢迎广大读者批评指正。

编　者

2023 年 3 月